中小学生
综合素质评价新探索

ZHONGXIAOXUESHENG
ZONGHE SUZHI PINGJIA XINTANSUO

主　编◎杜旭林

执行主编◎陈　邦　杜开君

西南师范大学出版社

国家一级出版社 全国百佳图书出版单位

图书在版编目(CIP)数据

中小学生综合素质评价新探索 / 杜旭林主编. — 重庆：西南师范大学出版社, 2021.6
ISBN 978-7-5697-0890-5

Ⅰ.①中… Ⅱ.①杜… Ⅲ.①素质教育 – 教育评估 – 研究 – 中小学 Ⅳ.①G632.47

中国版本图书馆 CIP 数据核字(2021)第 100060 号

中小学生综合素质评价新探索
ZHONGXIAOXUESHENG ZONGHE SUZHI PINGJIA XINTANSUO

主　　编　杜旭林
执行主编　陈　邦　杜开君

责任编辑：陈才华
责任校对：李　勇
装帧设计：汤　立
排　　版：杜霖森
出版发行：西南师范大学出版社
　　　　　地址：重庆市北碚区天生路2号
　　　　　邮编：400715　市场营销部电话：(023)68868624
　　　　　网址：http://www.xscbs.com
经　　销：新华书店
印　　刷：重庆市正前方彩色印刷有限公司
幅面尺寸：170mm×240mm
印　　张：16
字　　数：220千字
版　　次：2021年6月第1版
印　　次：2021年6月第1次印刷
书　　号：ISBN 978-7-5697-0890-5

定　　价：49.00元

编 委 会

主　　编　杜旭林

执行主编　陈　邦　杜开君

编写人员　陈　邦　杜开君　张　琴

　　　　　　吴　私　黄国锋　魏雪梅

前言
PREFACE

2014年9月,国务院印发《关于深化考试招生制度改革的实施意见》。2014年12月,《教育部关于加强和改进普通高中学生综合素质评价的意见》出台,中小学生综合素质评价越来越受到关注。2013年12月,泸州市被教育部确定为国家中小学教育质量综合评价改革实验区,泸州市以此为契机,协同开展了区域中小学生综合素质评价改革实验工作,重点探索了区域中小学生综合素质评价什么,谁来评价,怎样评价,评价结果如何运用等问题,获得了一些实践经验与启示。

中小学生综合素质评价从评价指标体系的构建、评价方案的设计、评价机制的建设,再到评价的实施和结果的有效运用,均是一个上下协同、系统规范谋划与运作的过程。本书阐述了中小学生综合素质评价的发展性功能与机理,中小学生综合素质评价体系的构建过程与方法,中小学生综合素评价实施的策略和保障机制以及中小学生综合素质评价的生态建设,最后一章具体介绍了中小学生综合素质评价的泸州实践与模式。书中呈现了大量的泸州实验区市级、区县和学校三个层面评价实践案例,以期为广大研究人员和中小学教师提供真实鲜活的参考。

中小学生综合素质评价的理论研究和实践探索方兴未艾,并将随中小学素质教育的深入实施,中高考制度的改革,大数据等现代测评技术的进步而不断深入。鉴于编者水平所限,书中疏漏在所难免,敬请各位专家、同仁批评指正,更期待本书中的基本经验与做法在实践中不断得到修正和完善。

本书在编写过程中参阅了大量专家相关著述,尹小平、王浩、胡晓天为本书的编写提供了支持,在此一并致谢。

本书编写组

2021年3月20日

目录
CONTENTS

第一章 拓展中小学生综合素质评价功能

"中小学生综合素质评价作为一种评价观,它是素质教育评价体系的基本价值取向;作为一种评价方式,它与中考、高考等外部评价互动、结合,共同构成素质教育评价体系的基本内容。"[①]中小学生综合素质评价就是从"以人为本"的理念出发,在中小学生接受知识和教育最重要的成长阶段,注重考察和判断学生"全面发展+个性特长"的发展情况,引导和促进他们学会自我教育、自我完善,不断健康成长的过程。从本质上讲,中小学生综合素质评价是"个性发展评价,也是真实性、过程性评价,还是内部评价"。[②]无疑,科学、合理的评价制度将发挥教育"指挥棒"的重要作用。

教育部于2002年发布了《关于积极推进中小学评价与考试制度改革的通知》,将学生发展的评价目标分为基础性发展目标和学科学习目标两个方面,在此基础上将基础性发展目标明确分为道德品质、公民素养、学习能力、交流与合作能力、运动与健康、审美与表现六个方面,解决了综合素质评价要"评什么"的这一关键问题。

2003年,教育部出台《普通高中课程方案(实验)》,明确指出应建立对学生的发展性评价体系;2004年,教育部办公厅印发了《国家基础教育课程改革实验区2004年初中毕业考试与普通高中招生制度改革的指导意见》,

①李雁冰.论综合素质评价的本质[J].教育研究,2011(24).
②李雁冰.论综合素质评价的本质[J].教育研究,2011(24).

首次提出对初中毕业生综合素质进行评价,并对综合素质评价的内容、主体、方法、结果和程序做出了说明;2007年,《教育部关于做好2007年普通高等学校招生工作的通知》出台,这是教育部文件中首次提及高中生综合素质评价的文件,意味着我国学生综合素质评价开始向更高阶段探索;2008年1月,《教育部关于普通高中新课程省份深化高校招生考试改革的指导意见》中提出建立和完善对普通高中学生的综合评价制度,并逐步纳入高校招生选拔评价体系;同年4月,《教育部关于深入推进和进一步完善中考改革的意见》中再次强调,要将初中学业考试成绩和综合素质评价结果作为普通高中招生的主要依据;2012年,《教育部关于进一步深化高校自主选拔录取改革试点工作的指导意见》要求加强人才选拔综合评价体系建设,进一步推动学生综合素质评价的实施。

2014年9月《国务院关于深化考试招生制度改革的实施意见》出台,在改革考试形式和内容中提出要建立规范的学生综合素质档案以规范高中学生综合素质评价,提出"两依据一参考"的招生录取机制;2014年12月,教育部颁布了《教育部关于加强和改进普通高中学生综合素质评价的意见》,此文件第一次对综合素质评价的概念做出了阐述,并就综合素质评价的重要意义、基本原则、评价内容、评价程序和组织管理做出了指示,标志着实施高中学生综合素质评价成为我国一项基本的教育政策;2016年《教育部关于进一步推进高中阶段学校考试招生制度改革的指导意见》将考试招生的改革目标定位为:"到2020年左右初步形成基于初中学业水平考试成绩、结合综合素质评价的高中阶段学校考试招生录取模式和规范有序、监督有力的管理机制,促进学生全面发展健康成长,维护教育公平。"这一时期学界关于综合素质评价的研究也在不断深入和拓展,对这一阶段政策文件及文献研究进行梳理和总结,有助于今后学生综合素质评价研究的深入推进和完善。

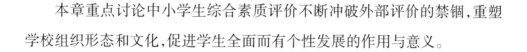

本章重点讨论中小学生综合素质评价不断冲破外部评价的禁锢,重塑学校组织形态和文化,促进学生全面而有个性发展的作用与意义。

第一节　促进学生发展

一、导向学生发展

导向即引导方向,发挥中小学生综合素质评价的导向功能,即引导中小学生行为朝着评价标准所期望的方向发展。综合素质评价,不仅考察学生的学业发展水平,还要考察非学业发展水平,其考评结果将与学生的学习、进一步发展(利益)息息相关。不同的评价标准和评价导向,往往会导致不同的发展结果,因此,科学、合理的评价制度对学生的成长,意义重大。

(一)引导学生健康发展

1.引导学生关心身体健康

身体对于人是第一位的,是人存在的物质基础。健康的身体是人生最大的财富。中小学阶段是学生长身体、长智力的黄金时期。错过这个黄金时期,对学生的成长、成才将是莫大的遗憾。在这一阶段,如果学校教育对学生施以正确的教育和引导,将使学生各方面的发展相得益彰。但如果导向不正确,片面地追求升学率,忽视学生的身体锻炼,将让学生的后续成长、终身发展大打折扣。传统的终结性评价,以考试结果"论英雄",甚至有的学校有意无意地看轻体育锻炼,忽视身体健康对于学生成长的重要作用,无疑让处于发展阶段的学生的发展不全面。中小学综合素质评价在评价内容中列入了身心健康等指标,关注学生的身体健康,包括评价学生是否达到国家体质健康的等级测试以及关注学生的视力情况,发挥综合素质评价的"指挥棒"作用。中小学综合素质评价向学生、学校、家长传递积极的信号,有利于学生积极参与落实《国家体育锻炼标准》的要求,在学校层面,也有利于学校切实减轻学生的课业负担、重视学生的体育锻炼,扭转学校在教育中重智育轻身体锻炼的倾向。

2.引导学生关注心理健康

1946年第三届国际心理卫生大会曾为心理健康下了这样的定义:"心理健康是指在身体、智能以及在情感上与他人心理健康不相矛盾的范围内,将个人心境发展成最佳状态。"大会还具体指明心理健康的标准是:"身体、智力、情绪十分调和;适应环境,人际关系中能彼此谦让;有幸福感;在工作和职业中,能充分发挥自己的能力,过有效的生活。"①

中小学生也有自己的喜怒哀乐,成长中的他们也许并不比成年人的心理问题少。社会环境、家庭环境、学校教育以及他们自身的成长,都会或多或少地引起诸如自我封闭、自卑、焦虑、恐惧、胆怯、厌学、妒忌、早恋、迷恋网络、敌视、对抗甚至仇恨等问题。如何有效化解、解决这些问题,降低学生成长过程中的"阵痛",这是学校教育不得不正视的问题。关注学生的心理健康是学校教育中非常关键的一环。

科学的学生评价应引导学生关注健康心理的标准及要求,关注自己的情绪与行为调控能力、人际沟通情况等,学会自我调适,促使其形成健康、优秀的心理品质。同时也应引导学校根据实际情况,研究学生评价与学生心理之间的关系,从评价方面为学生创设健康的心理成长氛围。

【示例】龙马潭区田家炳中学(泸州十七中)为促进学生身心健康正常成

---

① 全国十二所重点师范大学联合编写.心理学基础[M].北京:教育科学出版社,2002:328.

长,积极开展初中学生身心健康状况评价实践。学校是四川省体育俱乐部示范校,把"以人为本,体质奠基"作为学生体质健康理念。师生积极实践着"每天锻炼1小时,健康工作50年,幸福生活一辈子"的理念,激发学生锻炼的激情。为了减轻学生过重的课业负担,合理安排学校教学计划,每周必须按照规定开齐、开足、开好体育课。学校提出了"三课""两操""一活动""一兴趣""一标准"的具体实施方案。"三课"是指每个年级每周开设三节体育课;"两操"是指每天一次眼保健操和一次阳光体育大课间操;"一活动"是指每周利用下午第四节课开展一次年级组体育课外活动;"一兴趣"是指根据学生的兴趣爱好成立了田径、篮球、武术、排球、乒乓球、足球等兴趣小组,学生任选其一作为兴趣活动;"四运会"是指参加市、区级运动会、校级春期趣味运动会、秋期田径运动会(含冬季长跑);"一标准"是指师生围绕初中学生身体形态机能,参照《国家学生体质健康标准》展开学校的体育教学工作,确保"为每个学生的成长负责",根据学生实际设计不同的锻炼课,培养体育尖子生。让家长、教师明确体质健康的重要性,督促学生自我进行"常态锻炼"。

心理健康方面。心理健康是指"从心开始,净化心灵,正面成长",实现人的心理在认知、情感、行为之间的协调,从而实现人格的健全和发展。通过使用《中学生心理健康调查问卷》、SPSS统计软件、《韦氏智力测验》、卡特尔16PF等工具,该学校建立了学生心理档案,了解学生的心理健康状况及影响因素。从心理健康教育及其对象的特点出发,开展感恩教育,提出了"多主体、多项目、多形式"的"三多"的发展性评价模式。"多主体"即学生自我评价、教师评价、学校评价、学生相互评价、家长评价,实现"自评+他评"的方式;"多项目"即自尊、自爱、自信、自立、自强、宽容、友善、悦纳自我;"多形式"即过程性评价、总结性评价,每半学期一次过程性评价和学期进行总结性评价。学校定期每月开展一次心理知识讲座,一次心理健康科学常识普及,在所有学科教学中渗透心理健康教育,开设心理咨询室,每周星期二、四对学生进行个别辅导,开展了"共创"课程,共创青少年"正面成长教育"的课题研究。从多个方面让学生受到心理健康教育,帮助学生掌握了一般的心理保健知识,培养了良好的心理素质。

健康生活方面。健康生活是指帮助学生改善生活方式,实现学生"自主生活、自主学习、自主管理、自我成长"。学校结合初中生生活经验、年级学情,初一年级制定了《成长日记》,初二年级开展了《学生成长手册》,初三年级开展了《学生成长日记》。学生每天对自己的学习、生活进行合理、有效的规划,班主任根据学生的规划进行指导,建立学生成长档案,让学生健康学习与生活。学校还制定了《泸州十七中初中生家庭生活习惯监督表》《泸州十七中初中生学校生活习惯监督表》《泸州十七中初中生人生规划导师制》《泸州十七中初中生手机使用制度》《泸州十七中班级安全日志》等,开展初中生健康生活习惯专题讲座和主题班队会,形成了初中生健康生活相关评判标准,在学校,每月开展学生的自评和互评、教师评价、家长评价。

3.引导学生提高自我保护能力

自我保护是个体维护心理平衡的一种自发性行为。社会的急剧发展与迅猛变革也给学校教育带来了巨大冲击。处于心智发展阶段的学生,自我认识和自我保护能力都处于发展过程中,不仅要面对在学校与同学之间产生的千丝万缕的联系,还要面对形形色色的社会生活。譬如,如何应对各种安全问题、如何自我保护、如何自救等,都是摆在学校、家长、学生面前的重要问题。完整的中小学生综合素质评价,有利于学生不断关注自我健康成长,反思自己的行为,积极学习应急、防范、自救等方面的知识,提高自我保护意识与能力。

(二)引导学生全面发展

1.引导学生"理性"看待学业发展

学生学业发展水平是学生综合素质评价考察的重要内容。是不是实施中小学生综合素质评价后,对学业的关注度就降低了? 这种认识是不全面的,产生这种认识的根源是根深蒂固的"成绩本位"观念。学生综合素质评价并没否定学生学业发展的重要性,而是评价的维度更广泛了,评价更为合理、科学了。作为一种评价制度,它是对传统过于重视学生学业发展水平,唯分数至上的一种纠正,它不会、也不应该从一个误区进入另一个误区,从一个死胡同进入另一个死胡同。在视野上,应该更加开阔、理性;在操作层面,应该更加科学、有效。中小学生综合素质评价,应注重用"等级"的形式呈现学生的学业发展水平或状态,为教师、学生、家长等提供参考和依据,从而淡化、消除成绩排序对学生、家庭、社会等的负面刺激。义务教育具有公益和普惠的性质,本质上是所有学生都要接受的教育,本身不应该对学生进行排序,从而挫伤学生的学习积极性,影响学生长远的发展,以及牺牲其他方面的能力。中小学生综合素质评价是一种积极、有益的改良,其作用就是要促进学生理性看待学业水平发展,不应单纯追求学业发展和分数至上。

2.引导学生个体全面发展

和"全面"相对的是"片面",中小学生综合素质评价,其主旨就是要促进包含全体学生在内的学生个体全面发展。引导学生全面发展是学校教育以及与之相关联的评价制度必须考虑的,因为全面发展是人作为人应有的追求,是人作为人应有的状态,是党的教育方针规定的基本内容。

作为成长的中小学生,将来"一切皆有可能"。但是,传统的以甄别、选拔等单一的终结性评价方式,让一双双眼睛最后不得不盯在文化考试"分数"上,从而让分数以外的品德发展、身心发展、个性特长、实践创新能力等方面被遮蔽了。只有解决好中小学生综合素质评价标准,科学有效地执行,才能让学生从单纯文化考试的分数桎梏中解放出来,让数以千万计的学生释放其生命的活力,张扬个性和风采,从而全面、多角度地关注自身综合素养的提升以及自我完善。

【示例】"三全三立"是泸州市天立小学综合素质评价改革模式的基本框架。"三全"是指"全员、全学科、全人",即全员参与、全学科推进、全人发展,对学生进行立体式评价。全员参与:学生自评、互评、家长评价和教师评价。全学科推进:所有必修课程,学生选修课程(部分)均建立了相应的分学科、分阶段的评价体系。全人发展:强调过程性评价与学业性评价相结合,重视学生多方面的智力因素,形成学生的过程性发展诊断模式。

"三立"是指立身、立心、立志,契合教育三个维度:塑形、育心、立志。立身:学生除了强身健体以外,更加注重形态,比如参与学校的生活课、形体课等。对学生"塑形"目标的养成教育,渗透到了课堂内外。立心:主要从学生的德、智、美、劳四个方面加以评价,将学生个性化的评价落到实处。立志:勉励学生树立志向并积极创造条件实现志向的教育,放飞每一个孩子的梦想。

3.引导学生参与社会实践

把学生的关注视野从学校视野中扩展到广阔的社会生活中,加强学生社会实践能力的培养,这是实施素质教育的基本要求。《基础教育课程改革纲要(试行)》明确规定,"从小学到高中设置综合实践活动并作为必修课程",从课程制度上明确规定了中小学生必须参加社会实践活动。然而,在应试教育的压力下,包括社会实践在内的综合实践活动课程的实施举步维艰,评价改革滞后是其原因之一。

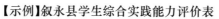

【示例】叙永县学生综合实践能力评价表

评价指标		评价方式				评价方法
二级指标	三级指标	学生自评	学生互评	家长评价	教师评价	
参与活动态度	1.认真参加每一次活动。					查阅考勤记录、小组讨论记录、活动开展过程记录等有关资料。考查活动过程中的表现,并进行判断。
	2.努力完成自己承担的任务。					
	3.做好资料积累和处理。					
	4.主动提出自己的设想。					
	5.乐于合作,学会交流和分享,尊重、欣赏他人。					
获得活动体验	6.善于提问,乐于探讨,勤于动手。					通过学生自我陈述、小组讨论记录、活动开展过程记录,以及活动过程中的行为表现和学习的结果等来反映。
	7.体会科学的价值,学会关心社会的进步,关注人类与环境的和谐发展,培养对社会的责任心和使命感。					
	8.在活动中进行"反思"。					
	9.实事求是,尊重他人的想法与成果。					
	10.不怕吃苦、勇于克服困难。					
学习方法掌握	11.能用多种途径获取信息。					考查学生查阅和筛选资料,对资料的整理、统计分析,使用新技术手段,对活动结果的表达与交流情况。
	12.能运用已有知识解决问题。					

（续表）

评价指标		评价方式			评价方法
实践能力发展	13. 有求知的好奇心、探索的欲望。				考查学生在活动中发现问题、提出问题、分析问题、解决问题过程中所表现出来的探究精神和能力。比较活动前后的变化来评价学生的发展状态。
	14. 独立思考、自主学习，主动发现问题，提出问题，寻求解决问题的方法。				
	15. 积极实践，发挥个性特长，施展才能。				

注：1. 评价结果分为A、B、C、D四个等级。 2. A表示好；B表示较好；C表示一般；D表示尚可。

（三）引导学生个性化发展

1.引导学生发展个性

在心理学上，个性是指"一个人区别于他人的，在不同环境中显现出来的，相对稳定的，影响人的外显和内隐性行为模式的心理特征的总和"。

长期以来，由于学校教育把人的发展理解为人的各方面的平均发展，结果出现了"千人一面""千校一面"的现象，缺乏"个性"成了"共性"，使得学生个人发展平平，学校发展缺乏活力。每一名学生，都有属于他或她独特的个性和气质。我们希望看到新鲜、生动、活泼，个性张扬、丰富多彩、与众不同的教育。中小学生综合素质评价理应在评价中考虑、回应学生内心深处"潜藏"的渴望与关切。

中小学生综合素质评价，是对教育本质内涵的一种确认与回归。在学生综合素质评价中纳入"个性特长"的内容，积极引导全体学生参加社团活动、兴趣小组、发展优势科目等，尊重了教育规律，这是对学生的一种积极引领。

【示例】合江县九支镇中心小学为了培养学生的好奇心、求知欲、爱好特长、潜能发展，结合以"水韵"为主题的校园文化，制定了《九支镇中心小学学生个性发展评价方案》。学校根据学生不同的个性组成多个社团，如棋艺、书画、音乐、信息技术、科技创新、传统文化、主持人、球类等社团，充分发挥学生自身优势，挖掘每个学生的潜能，注重学生的个性培养，让每个学生都能找到自己的闪光点。学校在各班形成语文兴趣小组、数学兴趣小组、科技兴趣小组、书画兴趣小组等，每个小组每期进行一次展示活动。学校开展相应的社团比赛活动，举行了各种各样丰富多彩的活动，从不同方面对学生学习的主动性、积极性、创造性进行培养。并利用乡村少年宫、艺术节、重要节日、综合实践课堂和课余时间对学生进行多方面的兴趣培养。学校开设综合实践活动课，同学们可以进行折纸、剪纸、古诗背诵、社区服务和社会实践等活动。同学们可以根据自己的爱好进行选择，极大地丰富了学生的学习活动，促进了学生的动脑动手能力。通过以上这些活动的实施，极大地促进了学生各方面的发展，培养了学生各方面的能力，同时也培养了学生的自信心，对学生的学习主动性和积极性是一个很好的促进。使学生自觉服务社会，对他人富有爱心。让学生亲近、关爱自然，懂得与自然和谐相处，促进了学生自我了解，肯定自我价值。发展兴趣与专长，使得同学们扩大了视野，增长了知识，培养了关心科技信息的习惯，提高了综合素质。

2.引导学生发展特长

古往今来，无数成功者的经验告诉我们一个道理：只有自己喜欢的，才会乐意去做；只有自己喜欢的，才会想方设法做得很出色。在学校教育中，学生的差异是客观存在的，每名学生先天禀赋不同，受到后天影响的环境亦各异，不同的学生也都有不同的个性特长。教育以及教育评价要做的，就是对学生发展顺应自然、因势利导。

传统的终结性评价制度不能解决这一弊端,对学生的个性和创造力是一种损伤与扼杀,它是以磨灭千千万万学生的个性特征为代价的。实施中小学生综合素质评价,就是要让教育者、学生们从这种狭隘的思维中解放出来,看到学生鲜活、各异的个性。对于学生最大的作用和意义,就是让活力充分释放,发现自己的个性特长,发展自己的优势所在,增强学生对发展自己的自信心,为自己的未来提供无限遐想的空间。

从另一方面讲,知识和技能之间在哲学层面有"共通性",对学生将来的成才具有"传递性",如学生的优势学科、突出的体育技能、艺术特长等,也会对学生其他方面产生积极的促进作用,如体育锻炼方面展现出来的勇于拼搏、勇于进取、追求卓越的精神,也是学生成才中宝贵的精神财富。中小学生综合素质评价,将会对学生产生引领、示范作用,丰富学生的学习内容,助推学生成长、成才。

【示例】泸州市初中学生综合素质评价参考标准(部分)

个性特长发展	审美素养	审美情趣	审美情趣健康,拒绝低级和庸俗的东西,能与人分享自然美、生活美、艺术美、科学美和社会美。
		艺术修养	大胆进行才艺表演,能以一定的艺术手段美化学习、生活环境;参加国家艺术测试成绩达标。
	兴趣爱好	爱好广泛	兴趣爱好健康广泛,有持续感兴趣的学科和领域。
		参加社团	课余生活丰富健康,坚持课文阅读,能长期参加1个以上社团的活动,并得到进步。
	特长潜能	优势学科	有特别突出的优势学科或领域。
		特长项目	掌握2项体育技能和1项艺术特长;对某些正当职业有从业倾向;获得1项以上的校级奖励。

二、激励学生发展

激励就是激发动机和调动积极性,激励对于人的心理具有强大的暗示作用。在中小学生综合素质评价活动中,合理有效地实施评价过程,可以激励学生积极朝着评价目标设置的方向努力,合理运用评价结果,让学生学会自我反思,发挥潜能,增强发展的积极性和主动性。

实施中小学生综合素质评价,就是要淡化和终结评价对全体学生所起的负面影响和消极作用,利用多元评价维度、动态评价过程,促进学生正确认识自己,不断调整、改进自己,让自己感受到存在的价值,寻求自我价值最大化发挥。

(一)突出主体意识,激活发展内驱

中小学生综合素质评价活动,把评价的权利,更多地交给了学生。学生在这个过程中如鱼饮水,冷暖自知,及时对自己的行为进行总结、反思、梳理。这和传统以教师为主的评价不同,突出了学生作为评价的主体,培养了自主、自觉的意识,有效地调动了其积极性,激活他们发展自身的强烈愿望。

美国著名的心理学专家安东尼·罗宾在《唤醒心中的巨人》一书中指出:"每个人身上都蕴藏着一份特殊的才能。那份才能犹如一位熟睡的巨人,等待我们去唤醒他⋯⋯"在评价过程中,每个评价对象都有自我尊重与上进的愿望,希望自己在评价中取得好成绩、好结果。学生综合素质发展性评价活动的开展,能从外部激发学生个体的内在动机,使学生处于积极向上的激活状态,从而产生动力、压力与活力,使学生的素质开发行为更加自觉,更加积极地接受并维护综合素质评价的标准,从而促使学生个体素质与修养行为的培养向着评价标准的方向发展。

1.评价主体多元化

传统的学生评价,教师是评价者,学生是被评价者,评价主体单一,学生的学习、能力、思想等情况都是教师说了算。教师唱"独角戏"的评价往往不够客观或全面,既影响了教师自身的教学,也影响学生的发展。学生综合素质评价让学生、同伴、教师和家长都参与到评价中,构建多元的评价共同体。

2.突出学生参与评价

开展自我评价是综合素质评价的基本评价要求,过程重在用"典型性事例"证明自己,对自己做出判断、分析,发现优点与不足,找到动力与希望。只有学生才熟悉自身,学生参与到评价之中,这对学生行为习惯的养成、价值观潜移默化的引领,将起到不可估量的作用。评价的主动权掌握在学生手中,这是对学生的一种尊重和信任,能较好地调动学生作为评价主体的主观能动性和积极性,亦克服了传统他人评价的主观性、随意性等弊端。

小组评价即小组间学生互评,是学生参与评价的重要形式。苏联教育家马卡连柯认为,学生要在集体中进行教育。青少年儿童的才能、素养更多地处在潜在状态,"认识你自己"是每个人一生的重大课题,对成长中的中小学生显得尤为重要。中小学生对于自己的认识是通过其他人的评价、反馈形成的,其中最主要的信息来源就是自己的同伴。所以,学生互评不仅可以让学生通过他人认识自己,更重要的是可以充分调动学生之间对评价标准的学习,调动群体的积极性。学生根据平时印象和综合素质档案展示交流情况,对组内其他同学进行评价,如在"小组期望"栏目中填写该同学的自我报告是否真实以及发展期望。

自我评价。学生本人在综合素质评价表中记录自己"品德发展""情绪与行为控制力""人际沟通情况""自我保护能力""学业发展""兴趣爱好""优势学科""其他特长"和"实践创新"等方面的典型表现、事迹和校级及以上荣誉;在"反思改进"栏记录自己的行为习惯、生活方式和学习方法等方面的不足;在"学生意见"栏对是否同意教师评价和学校意见进行表态。

3.教师评价科学化

中小学生处于认识发展阶段,学生对自己的认识和评价显然存在一定的偏差,因此,在实施综合素质评价的过程中,教师的评价是不可或缺的。一方面,教师作为评价主体之一,其评价更多的是凭借科学、先进的评价技术参与到综合素质评价之中。另一方面,教师作为教育的主导者,在学生综合素质评价中自然充当了组织者、引导者的角色。

【示例】古蔺一小以培养学生全面健康发展为目标,紧紧围绕"百年名校,雅实教育"的办学理念,着力开展学生综合素质评价工作。

1.评价内容

学生综合素质主要从六个方面展开评比:学习、卫生、文明、美德、进步、艺体。

2.评价办法

(1)日查。首先,由个人申报自评和小组互评结合的方式对学生个人综合素质发展的分值进行统计,对六个内容中的每一项进行单项评比,以分值多少排列;在当天做到的项目内画勾,一个勾记一分。其次,各班负责监督、文明劝导同学围绕六星评比标准,针对表现突出和有违反的情况做好记录。

(2)周评。各班每周班队会时间先以个人自评—小组互评—教师评价—家长评价的形式,一周单项得22分及以上的获该项星级少年奖励;每周同时获4项单项星级少年的获班上"雅实之星"。

(3)月比。对一月中连续3次都被评为班上同类星级少年的,则自动升格为本月学校的同类星级少年;在本月同时获得3次"雅实之星"的,则自动升格为本月学校"雅实之星"。各班每月评比的星级少年除本班留存外上报到学校评价组。

(4)学期考核。在一学期中连续三个月被评为单项星级少年,则自动升格为学校本学期单项星级少年,在一学期中连续获得三次"雅实之星"的则自动升格为本学期学校"雅实好少年"。

(5)学年考评。在一学年中连续两学期都被评为学校单项星级少年或"雅实好少年"的,则自动升级为学校的星级标兵和感动学校的年度人物。

(6)小学毕业综合考评。在学校六年的学习生活中凡连续四年被评为单项星级少年或"雅实好少年"的则被评为学校单项模范人物或学校骄傲。

3.表彰办法

(1)一周被评为单项星级少年的在本班教室外张贴该生名字及典型事迹,班上开总结表彰会。

(2)一个月被评为单项星级少年或"雅实之星"的,学校统一制作展板宣传,在全校进行表彰;获得星级少年的同学,学校发相应的奖章佩戴。

(3)一个学期被评为学校单项星级少年或学校"雅实好少年"的,学校统一制作展板宣传,再给该生发喜报,戴大红花,在学期总结会上隆重表彰。

(4)一学年被评为单项星级好少年或"雅实好少年"的,学校以"百年名校,星光闪耀"为题,将该生的相片制作成相框悬挂在学校的校园内。

(5)小学六年毕业被评为单项星级好少年或"雅实好少年"的,学校在校园内制作永久性橱窗展示。

(二)发现闪光优点,激发成长动力

1.助力学生"梳理"自我闪光点

闪光点是学生成长过程中的助推剂。人的内心深处都有被赞赏、被认同、被激励的欲望,发现学生的闪光点,就是对他们行为的一种赏识、认同。

在中小学生综合素质评价中,通过学生自我报告、写实性记录和优点记录等形式反映学生的素质发展情况,改变了学生被动接受的状态,能较好地消除害怕、怀疑、躲避、掩饰、争功等消极心理。中小学生及时或阶段性发现、总结、梳理自己的闪光点,从而进一步发展优势和特长,促进其健康成长。

2.助力教师"发现"学生闪光点

在小学生综合素质评价中,教师通过对学生身体健康、个性特长等方面的评价,发现学生的优点,用评价增强中小学生的自信心,激发学生进一步提高自己的愿望。教师的评价不仅仅是面对评价表时才产生的"应景式"填表,而是关注中小学生的成长进步,并在教育教学过程中积极落实责任,进而发现、培养学生的闪光点。

(三)注重过程评价,激励持续进步

"过程"是相对于"结果"而言的。过程哲学认为,小到一个人,大到整个宇宙,都是一个有机的整体,都有其内在的价值,事物之间有着内在的联系。中小学生综合素质评价的功能主要在于及时地反映学生学习中的情况,促使学生对学习的过程进行积极反思和总结,而不是只是给学生下一个简单的结论。

长期以来,基础教育教学体系是架构在以中高考为龙头的环环相扣、层层相连的"严密组织","结果"制约了过程,社会上的各种评价教育的方式,习惯于把考试成绩和升学率作为评价学生学习和学校教育质量的唯一标准,教育系统内部也往往顺着这种惯性,利用考试成绩来引导教学工作,且结果功能单一,难以对教学过程发挥有效的引领。

学生综合素质评价的目的是着眼于学生未来的发展,其评价的目的不是简单地比较孰优孰劣,而是为了学生的发展,注重过程评价,激励学生持续进步。

1.注重评价过程

学生永远处于发展变化之中,对变化的评价即注重过程的评价。学生综合素质的过程性评价渠道宽广、内容丰富,表现在教育教学的具体活动之中。

【示例】泸州市小学生综合素质评价方案中,首先提出了过程性评价原则,要求将评价贯穿于日常的教育教学活动中,客观反映学生的成长过程,引导学生持续发展;其次规定了"平时评价"的要求,即各级学校可结合实际情况,将学生的平时评价与班级管理、学校管理、课堂学习与班队活动相结合,指导学生自主开展评价活动。方案还提出,有条件的学校可以组织家长通过班级开放日、家校联系、问卷调查等方式参与学生综合素质评价活动。

2.激励持续进步

传统的学生评价主要是"算总账"式的评价,把本身并不完全、科学的评价结果视为教学成功与否的唯一标准,强调的是对人的甄别、选拔的功能,其目的是选择适宜于更高一阶段学习的人。在淘汰、选拔的过程中,大多数学生无法体会到学习带来的成功与喜悦,享受到学习过程的成就感。实施中小学生综合素质评价,其评价过程本身就是对学生的一种激励,让学生的行为能适时得到有效的评判和分析,满足学生受到尊重的需要,增强学生的兴趣和信心,诱发学生积极的情感,激发学生内在的欲望,并将其外化为积极的行为,从而不断追求新的目标。从而进一步学会自我反思、自我教育、自主发展,不仅唤醒了学生对自己的认知,还有效地激励学生的持续进步。

三、诊断改进发展

在中小学生综合素质评价活动中,我们全面客观地收集信息、数据和事实,进而参照评价标准及教育教学规律对问题进行判断,查找、分析问题发生的原因,最终对症下药,因材施教,解决学生发展中存在的问题。这好比医学上医生对病人进行观察和检查,然后根据病人的病症等找出其病因,给出处方或治疗方案的过程,即"诊断"的过程。"诊断"的主要目的是关注过程而不是单单得出一个结论。事实上,综合素质评价其受益者不仅是被诊断的学生,也包括教师和学校。对于教师和学校,意味着分享诊断的成果,获取经验,有助于认清教育教学中存在的问题,提升教育质量,提高育人的针对性。对于学生,意味着引导其对问题的发现、把握和纠正。

(一)找到问题不足,提升综合素养

在学生综合素质评价中,评价指标的设置常常利用积极的评价和奖励措施来增强其自信心,但也不回避学生发展过程中的不足。我们充分考虑到在学生成长过程中可能出现的问题和不足,为学生找到自我存在的问题预留空间。

【示例】泸州市针对具体实际,在学生综合素质评价内容中设计了如"体质健康是否达到国家标准""行为习惯与生活方式、学习方法是否存在违纪违规"等内容,其目的就是通过自评、他评(小组同学、班主任)、学校评价等多种形式引导学生正视、找到其在成长过程中存在的问题,发现自身在综合素质发展方面存在的不足,分析问题发生的根源,明白差距,从而对自我情况进行诊断。不回避学生在成长过程中的不足甚至错误,这对教师、家长及早发现问题,对症下药具有重要作用。

（二）指明改进方向，促进不断发展

仅仅找到学生存在的问题和不足，只是学生综合素质评价的一个起步环节。为学生指明改进方向，促进其不断发展才是实施中小学生综合素质评价的关键。中小学生综合素质评价的目的在于"以评促改，以评促建"，通过评价使学生同时认识到自身的优势和不足，并对照评价指标明确改进方向，不断提高学习和努力的针对性，增强实效性，促进自己综合素质的全面提高。

（三）判断自我价值，推动个人成长

自我判断的过程，即是成长的阶段性总结与梳理。中小学生综合素质评价，以学期为周期对学生半年来成长方面的情况进行"典型性事例"描述，学生会对自己的"事例"进行选择、梳理、记录。从纵向看，比较的是学生自身与上一学年相比的进步，即增值；从横向看，是找出自己与评价标准之间的差距，以及是否有需要改进的方面；从立体看，则侧重学生的全面及个性发展。这种过程，本身是一次学习的过程，在自我判断的过程中，学生会得到有效的自我教育，对于学生的成长，不可小觑。成长是由一连串的"事例"组成的，这种阶段性特征，有助于学生自我意识的觉醒。

人是有意识的存在，根据辩证法，人的意识可以反作用于人的实践活动。中小学生综合素质评价改革，通过教师、学生等的评价找到问题和发展缺陷，在评价标准的导引下，引导学生自我认识、自我规划、自我教育，激发其上进成才的决心和信心，积极主动地推动自我成长与发展。

第二节　改进教育工作

评价本身并不是目的,而是通过评价全面了解学校教育教学情况,发挥评价引导、诊断、改进、激励等功能,使教育者和受教育者同时认识到自身的优势与不足,改进教学行为,推动学校持续提高教育教学质量。

一、改进班级工作

(一)改进班主任工作

班主任是学生综合素质评价的具体组织者、指导者和最主要的实施者。长期以来,较大的工作压力迫使班主任在班级管理等工作上存在一些问题。比如:重纪律约束与要求,轻良好班集体建设方法指导;重高高在上发号施令,轻师生协商解决问题;重宏观要求,轻精准施教。实施学生综合素质评价改革以来,实验区班主任能更加清楚地了解每一位学生的优势与不足,更为准确地分析存在问题的原因,从而更好地完善班级工作方案和提高班级管理水平。

全面了解每一名学生不仅是班主任的基本职责,还是综合素质评价改革对班主任工作提出的新要求。班主任在具体的学生综合素质评价过程中去了解每一名学生,这是一条有效的途径,也是学生综合素质评价的过程。在传统的以学业成绩为主的学生评价实践中,教师往往忽略了学生个体的重要性,集中关注"优生"。综合素质评价区别于传统的学生评价,"多一把尺子就多一个好学生",教师全方位关注每一个学生,全方位评价其在理想信念、行为习惯、人格品质、心理健康、学业情况、个性特长等方面的表现与发展情况。

一方面,在了解每一个学生的基础上,班主任能更好地根据班级工作的要求,遵循学生身心发展特点共性及规律,有所侧重地制定出科学的班级管理方案。这样的方案能指导开展更加丰富多彩的班队活动,形成和谐向上的班级氛围,促进良好学风、班风的形成。另一方面,评价中能够发现学生的不足,特别是品德行为、学习品质等方面存在的问题,班主任能有针对性地设计教育管理方法与措施,不断提高班级管理水平,从而达到促进每一个学生发展的目的。

当学生具有基本的自主管理、自主学习意识和能力时,优秀的班主任会引导其学会自我规划成长,制定生涯规划。在综合素质评价过程中,学生不断地发现自己的优势与不足,导向其在评价中不断进步和发展。班主任因势利导,为学生自我发展规划提供指导和帮助,能更好更有针对性地促进学生提高自己的综合素质。

(二)改进任课教师工作

1.转变教学观念

过去,强调学生学业成绩至上的传统评价,将学科教学分为主科和副科,主科教学之外的教育教学活动常常不被重视,学生发展重文化知识获得而轻思想道德、审美情趣、体质健康、实践创新等素养的培育。综合素质评价的实施,没有主要和次要之分,让每一个学生都发现自己有存在和发展的价值与优势,不断完善其个性的发展。这样的人才观、发展观和学习观,自然影响着教师的教学观念转变,不再仅仅为知识而教,也不是为考试而教,而真正成为学生综合素质提高的指导者和促进者。

2.统筹学科教学任务

在学生综合素质评价中,没有主要学科和次要学科的差别,每一个学科都重要,每一项课程都事关学生的未来发展。学校应按照国家课程计划,开齐、开足、开好每一门课程,统筹教学任务。中小学生综合素质评价的实施,对于扭转过去学科教学不均衡现象将起到积极作用,有利于任课教师相互协调、综合统筹,合理均衡促进学生发展。任课教师采取一种非常谨慎的态度和发展变化的眼光,站在每个学生都是独特的、整体性存在的价值立场上,将学生综合素质的现实状况和学生所经历的教育环境同时考虑。让评价与科任教师日常教学"挂钩",解决日常教学活动教学与评价"两张皮"的脱节现象。

3.减轻学生课业负担

总体上,综合素质评价改革,有利于学校、家长、社会树立全面质量观、发展性评价观,不再将学生当成考试的机器、知识的容器,不再视学生为家长"愿望的执行者",从而更加关注学生的健康,使其快乐地成长,有利于减轻学生的课业负担。另一方面,有利于任课教师加强工作之间的沟通,注重协调、配合,从而平衡学生各学科的学习,切实减轻学生课业负担。

4.改善师生关系

中小学生综合素质评价改革,有利于充分发挥内外因的作用,激发学生的学习潜能。在评价活动中,教师是学生成长的促进者、引导者,而不是铁面无私的"判官",以成绩论优劣区分出来的"优生""差生"的认识偏差将在多元的评价维度中隐退,有利于师生民主关系的构建,师生相互悦纳,形成宽松、和谐、愉悦的师生关系,为学生的学习营造良好的人际氛围,从而实现教师真正热爱、关心学生,公平对待每一名学生。

(三)促进学生自我觉醒

引导学生学会自我教育,才是真正的教育。学生学会对照标准自我创设条件不断完善自我,教育才能真正发挥效用。中小学生综合素质评价,有利于学生自我意识的觉醒,使自己成为自我学习、自我管理的主人。

调整自我发展策略。学生对照评价标准,结合自身实际也可以在教师的指导下,确立自我发展的阶段性目标,实现兴趣拓展与爱好愿望的达成,从而不断凸显自我优势。

二、改进学校工作

学生综合素质评价,对于学校改进德育管理、促进教学改革、提升文化建设,进而促进学校整体转型,提供了契机。

(一)改进德育管理

这里的德育,专指学校德育工作。学校是对学生思想政治、行为习惯进行教育教学的主阵地。

传统的德育价值取向往往定位于建立"规范"和"秩序"。学校德育处往往是行使"训导"的职能,德育忽视了学生的主体性、多样性和差异性,流于形式,内容空泛。学生综合素质评价,着眼于学生的全面、健康成长,落实中共中央办公厅、国务院办公厅《关于适应新形势进一步加强和改进中小学德育工作的意见》《关于深化新时代学校思想政治理论课改革创新的若干意见》等文件精神,体现人文关怀,以高尚情感情操和积极的价值观为引领,把引导发展与关心服务结合起来,引导学生树立正确的世界观、人生观和价值观。学生综合素质评价背景下的新时代德育,把培养中国特色社会主义接班人的社会需求及尊重学生个性结合起来,回归德育应有的"育人"功能,将德育工作和学校教育工作、学生成长结合在一起。

实施中小学生综合素质评价,有利于学校把评价与管理常规及德育工作结合起来,开展形式多样的德育活动,如将德育融入科技活动、学生社团活动、校外社会实践活动、志愿服务活动之中,以及融入国内外的参观、访问、交流、比赛之中,注重情感态度、价值导向、意志品质的潜移默化的影响,让学生在实践中体验,学会做人做事,学会道德的生活。

(二)促进教学改革

教学改革是一个"永远在路上"的过程,是教学发展不竭的动力之源。综合素质评价改革,把教师和学生从单一的分数和冰冷的结果中解放出来,有利于释放、激发教师教学、学生学习的生机与活力,进一步促进教学改革。

新课程改革是应对信息技术迅猛发展、科学技术突飞猛进、知识经济到来的重大变化,为了中华民族伟大复兴,为每一个学生的发展而进行的。学生综合素质评价改革破除单一的以选拔、甄别为主的评价方式,有利于教育教学深化课程改革,推动中小学全面落实国家课程方案和课程标准,开齐开足课程,加强体育、艺术教育教学,推进信息技术在教学中的深度应用,促进学生自主、合作、探究的学习;有利于强化实践的育人功能,加强综合实践等活动课程的实施,大力培养学生的创新与实践能力。

中共中央、国务院《关于深化教育教学改革全面提高义务教育质量的意见》明确指出,要坚持"五育"并举,全面发展素质教育。评价所具有的导向功能、监测和激励功能是否能促进中小学教学改革进一步开齐、开足、开好课程,突出德育实效、提升智育水平;着力学生认知能力培养,促进学生思维发展,激发创新意识,强化体育锻炼、增强美育熏陶和加强劳动教育。

课堂是教学改革的主阵地,以学定教是当前课堂教学改革的基本要求。学生综合素质评价的指标体系、评价内容和方法上的规定与需要,均客观上能倒逼和促进中小学课堂教学改革的有效进行。因为只有突出学生主体地位、重在提高学习能力培养、切实提高教学质量的课堂才可以培养出综合素质优秀的学生,所以综合素质评价能优化教学方式改革,构建较为先进的新育人模式。

(三)促进文化建设

这里的文化建设,主要是指校园文化建设。校园文化建设是学校建设的重要内容,是学校办学过程中各种信息的综合反映,是影响教书育人的重要变量。

中小学生综合素质评价活动的实施,要求学校更加注重文化建设,学校的规划和建设要因地制宜用有形的物质为师生员工创造优美的工作、学习环境,注重校容校貌的和谐、舒适,从而教育、影响、改革人的思想、行为和观念。在"软环境"方面,即精神文化建设,更应该是校园文化建设的重要内容,对学校的可持续发展起着凝聚、感召人心的重要作用。

文化是一个内涵丰富的动态概念。综合素质评价新理念下的校园文化,是突出"学生发展"的校园文化,优良的校园文化环境能营造宽松、活跃、健康、向上的氛围,彰显学生的主体性、全面发展与个性的魅力,学校也因此而具有特色和办学的主动性、创造性。

三、改进工作措施

如何解决中小学生综合素质评价"各自为阵""自说自话""自教自评"等弊端,学生、学校既充当运动员又充当裁判员,不能把中小学生综合素质评价沦为一种应付性的"资料汇编",有必要通盘考虑,以系统思维形成合力解决中小学生综合素质评价中容易流于形式等问题。

(一)科学规划人才培养方案

中小学人才培养方案是各级教育行政部门和学校实现人才培养目标和培养人才的基本途径,是全面提高人才培养质量的重要保证,是在人才培养目标进行科学规划的基础上制定的,人才培养方案制定的质量和水平直接关系到培养目标的达成和整个区域、学校的改革和发展。中小学生综合素质评价,对县区、学校结合实际规划人才培养方案有积极的指导作用,有利于决策者和实践者集思广益,确定合理的总体思路和构建明确的框架,以系统论理念为指导,总体设计和规划科学合理的人才培养方案,激活区县、学校"一盘棋",实现学生的知识、能力和素质的综合培养。

(二)科学实施教育政策

教育政策体现教育工作的方向、目标、任务,是教育工作的着力点。《国务院关于深化考试招生制度改革的实施意见》明确到2020年完善实施"分类考试、综合评价、多元录取"的导向,更加注重对学生综合素质和兴趣特长的考查。在中小学生综合素质评价方面合理实施教育制度、政策,将起到"风向标"的积极作用,有利于不同层级学校或者不同类型学校引导中小学生提高综合素质、"按需所选",分层分类招录学生,使中小学之间有机衔接,"贯通"不同类型的学生的成才路径,建立学生成长、成材的"立交桥"。如普通高中学校在招录学生的过程中,可以根据自己对学生素质的要求,积极探索通过对学生行为过程的监测跟踪、积累数据等方式,收集学生成长过程中影响其成长的相关数据资料,作为录取学生的依据;学生的综合素质评价结果为今后分析学生全面而有个性的发展过程提供数据参考,为学生进一步发展、学校发展提供参考依据。

(三)指导学校特色持续发展

学校特色是指学校在一定的办学思想指导下和长期的办学实践中逐步形成的特色。具有较高的办学水平和鲜明的办学特色的学校,已产生较好的办学效益和社会影响,标准、水平、质量都很高,达到了"人无我有,人有我优,人优我新"的效果。

因地制宜,推动学校办出特色。中小学生综合素质评价对学校工作提出新课题,个性化的学生需求,将有利于学校重视因地制宜,结合学校实际,创造性地开展工作,促进学生综合素质的发展与自我规划的提升,从而推动学校办出特色。

重视评价结果,指导学校特色发展。在宏观管理层面,中小学生综合素质评价的实施,有利于区县管理部门结合实际,以促进发展为原则,运用教育质量综合评价结果完善教育政策措施、加强教育宏观管理,指导不同类型学校办出特色。

第三节　提高教育质量

"有质量的教育"是每个国家和地区对教育的基本要求。关注教学质量是教育工作者的重要职责,提升教学质量是任何教育教学改革的共同追求。确立什么样的教育质量观将对学校教育教学有着决定性影响。实施中小学生综合素质评价,发挥中小学生综合素质评价的功能,对于扭转传统的认识

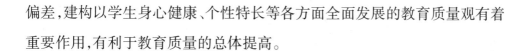

偏差,建构以学生身心健康、个性特长等各方面全面发展的教育质量观有着重要作用,有利于教育质量的总体提高。

一、更新质量观念

(一)形成系统化的教育质量观

不同的价值取向,对教育质量的认识也不一样。通俗地说,系统化的质量观就是不以学生学习阶段的不同或学生某一学习阶段的结束为标准,它从根本上体现认识的一致性和连贯性。传统教育质量观在认识上,以单一的一次学业考试,如平时的期末考试、每一学习阶段结束的毕业或升学考试,来反映学生的学习水平。它忽略了作为反映学生德、智、体、美、劳全面发展情况的综合素质,是有失公平和偏颇的。更新质量观念,形成系统化的教育质量观显得尤为必要与迫切。

实施中小学生综合素质评价,有利于扭转教育活动主体、学生家长以及社会对质量观的认识。系统化的教育质量观,把学校和教师从唯分数论的桎梏中解放出来,面向全体学生,落实立德树人的根本任务,增强学生的社会责任感、创新精神、实践能力,树立人人成才观念、多样化人才观念、终身学习观念和系统培养观念,注重教学与实践紧密结合,遵循教育教学和人才成长规律,系统化构建以人为本的多元评价体系,促进教育健康、均衡、可持续发展,从而全面提高教育质量。

(二)形成以学生发展为核心的质量观

学校所有教育及其评价活动,都应以学生的发展为依归。形成以学生发展为核心的质量观,适应了经济社会和教育事业发展的新形势新要求,注重发挥评价的引导、诊断、改进、激励等功能,改变过于强调甄别和简单分等定级的做法,改变单纯强调结果和忽视进步程度的倾向,建构并形成新的以学生发展为核心的发展观,即以学生的综合素质高低作为衡量学校教育质量高低的标准。面向全体学生,对全体学生负责,注重每一个学生个体的发展。

(三)形成学生全面发展的质量观

中小学生综合素质评价的实施,逐步转变了单纯以学生学业考试成绩和学校升学率评价中小学教育质量的倾向,在实践中,依据党的教育方针、相关教育法律法规、国家课程标准等有关规定,突出重点,注重导向,把学生的品德发展水平、学业发展水平、身心发展水平、兴趣特长养成、学业负担状况等方面作为评价学校教育质量的主要内容,着力构建中小学教育质量综合评价指标体系,重视学校进步和努力的程度,重视诊断和改进功能的发挥,适应经济社会和教育事业发展的新形式新要求,培养学生的社会责任感、创新精神和实践能力,从而形成学生全面发展的质量观。

【示例】"早就该改了!"对评价改革的迫切呼声已经在基层学校响起。杜翔老师发出感慨,"违背了自己的想法去做这样的事情……早上7:20上早自习,晚上10:30放学,大部分时间在教室里苦学"。许副校长说,"对学生一考定终身,单一的分数排名确实不科学"。"文化学业之外,品德较差,心理脆弱,容易暴躁,兴趣爱好得不到发展。""判断三好生的主要依据还是学生成绩。""身体素质比20年前弱,九月初的开学典礼中,初一新生近两年站不住甚至晕倒的学生比例在1%左右。""去年的女篮预赛,训练一天后,家长就明确表态'不同意',怕影响学习。""学生喜欢音乐,但学生不愿去市里参加比赛合唱。""现有的评价体制,没有时间搞课外兴趣,依靠学校自身有难度。""每天2至4小时的作业时间,几乎都是'两点一线'。"高中学生代表也谈到,课间不出教室的学生几乎占到70%。

二、提高过程质量

(一)优化教育过程

中小学生综合素质评价是教育教学由经验型、粗放型向精细化、精准化管理的转变。受传统文化和功利主义的影响,社会上习惯于把考试成绩和升学率作为评价学校教育和学生学习好坏的唯一标准,注重结果,而结果功能单一,难以实现教育教学过程的改进,学生综合素质评价重视学生的全面发展,注重对学生的真切关照,重视教育教学的过程本身,对于学校的教学与管理,必须优化过程,才能提高教育质量。

【示例】操行评定,助推成长

我们制定了一套操作性强、适应范围广的"操行评分方案"。此方案结合课程改革中的小组建设,以小组管理为载体,以"一分制""条例制"为主线,将家校评价、多学科评价融为一体,实现对学生的综合性评价。

1.一分制

为了使评价简单、易操作,在课堂内外,对学生的学习态度、学习能力、学习结果均采用"一分制"进行评价。

评价内容	加分	扣分
课前,科代表依次检查预习、资料收集情况。	①认真预习,完成资料收集,每次加1分。②课前学习用具摆放整齐,每次加1分。	①预习没完成,扣1分。②质量不高,被要求重做者扣1分。
课前,学习小组长检查学习用具的准备。	①摆放右上角,桌面整齐,每次加1分。	①桌面脏乱扣1分。②没有准备扣1分。
课堂表现	①认真倾听,积极回答问题,被老师表扬1次加1分。②积极参与小组讨论交流,每人每节课加1分。	①不听讲、不思考,被老师批评一次扣1分。②不参加小组活动,一次扣1分。

注意积累能真实反映学生发展变化的资料,如学生的作品、作业等,将日常观察和定期考察相结合。本套评分制度严格执行了课程标准的要求。此方案实施以来,我所任教的班级,学生的学习习惯、课堂纪律都有了明显的改观:课前准备人人过关,资料收集人人有份,小组活动人人参与,课堂发言积极举手,就连平时爱讲话的同学也知道控制自己的小嘴了。

2.条例制

我们对制定的评分细则先进行了集体讨论,形成规矩,形成条例,并将条例上墙,既方便老师、小组长对组员进行准确的评价,也方便学生对自己的行为进行自我评价,养成自查自律的好习惯。

①课前由小组长检查学具的准备。	②课前由科代表检查预习、资料收集情况。	③课中由老师和小组长共同评价同学的上课表现和课堂参与。	④每周由组长负责进行小组总结。

此方案实施以来,同学们的自控意识、监督意识明显增强。每周的小组总结,同学先互评,组长再总结,每位成员都能公正、中肯地指出本组成员本周存在的不足和进步,接受同学的批评与鼓励。这种有针对性的、及时性的评价,既提高了学生的自我认识、自我调控能力,也帮助学生养成了尊重、理解、欣赏他人的态度。

3.家校联系制

我们设计的操行评分不仅仅在学校实行,还延伸到家庭,让家长也参与评价,形成对孩子全面的综合性评价。

评价内容	加分	扣分
校外表现	①在家中做到：孝敬、勤劳、通情达理、爱学习等，受到家长表扬，用短信告知老师，一次加1分。 ②放学按时回家，一周累计按时抵达，一周加1分。	①在家顶撞父母，不做力所能及的家务，受到家长批评，一次扣1分。 ②没能按时回家，家长打电话向老师寻找者，一次扣1分。 ③同学相互监督回家时间，举报者加1分，未按时回家者扣1分。

此方案实施以来，按时上学放学的孩子增多了，在路上逗留疯玩的孩子减少了；回家马上做作业的增多了，赖着看电视玩电脑的减少了；在家主动做家务的增多了，顶撞父母要脾气的减少了。家长们在评价反馈栏里写道：孩子回家就主动跟我们打招呼，做完作业还抢着干家务，真是变了。

4.多学科制

为了对学生的学习态度、学习能力作全面性的评定，此评分细则应用于各学科之中。教室内张贴的操行评分细则，由科代表告知各学科教师，使其形成综合评分机制，对学生在学习态度、学习能力、学习结果等方面进行综合性评价。

评价内容	加分	扣分
课堂表现：认真做好课前准备，认真听讲，积极思考，踊跃发言。	①得到老师特别表扬，评为课堂优秀者加1分。 ②小组合作学习完成好，组员积极参与，评为优秀学习小组，组内成员各加1分。	①小组学习完成差，组员不能积极参与，一人一次扣1分。 ②没有带学习工具扣1分。

5.激励制

为抓学生的亮点行为，学校将激励机制延伸到了学生的课余生活。比如，学生刘佳课堂上喜好搞小动作，课堂纪律散漫，但接受能力较强，却因为天生口齿不清，很不自信，课堂上也不敢积极展示自己，只因为一次小经历，让他逐渐发生变化。一天早上，老师和这个孩子偶遇在一块吃早点，看他给妈妈端凳子,且吃饭很乖,于是回到班上老师给他加了1分。从此,孩子有了连锁反应,课堂上坐得住了,还敢发言了。这就是激励的力量!(纳溪区逸夫实验小学 詹卫玲 何明萍)

(二)优化教学行为

在评价中关注学生发展的需要,发挥评价的激励与调控功能,既能激发学生内在的动力,又能帮助学生认识自我,建立自信,促进学生积极、主动地发展,形成良好的个性,成为德、智、体、美、劳全面发展的人。

【示例】让"评价"成为学生快乐学习的动力

上课前,我会向学生提出课堂中的学习要求,如:预习准备、倾听守纪、合作互助、交流展示。学生们上课时就会按照这几方面的要求来做,课堂学习结束时,我就要求学生按照这几个要求进行自我评价,做到了的就奖励自己一颗"☆"。按照"按时完成、按时上交、书写干净、有错就改、接受意见、态度端正"六个方面进行评价,也是分别对应一颗星,共计五颗星。

对学生课堂学习情况一般从这两个方面进行评价:学生个体评价和小组评价。在学生课堂学习过程中,教师及同学会对学生进行学习评价;课堂学习结束后,学生也会根据要求对自己的学习情况进行自我评价,然后再交给本组的同学评价,如果同学的评价跟自己的评价完全一样,同学就会奖励自己一颗诚信"☆"。对小组进行评价,认同的不是个人的表现,而是整个小组共同的成就。采用小组评价的目的就是让小组成员学会合作、学会关心、学会以团队的力量去竞争。这样的评价,对于形成小组成员的集体观念,促进小组成员的合作是十分有效的。每一节课对小组的评价及时体现在黑板上的评价表中,放学后由班长对各小组的得分情况进行登记。(龙马潭区下大街小学 许丽霞)

(三)提升教师能力

促使教师提高教学能力。教学能力是教师安身立命的基础,是教师职业赋予教师的光荣使命。中小学生综合素质评价体现了过程评价,学生综合素质的高低,不是无缘无故得来的。这就要求教师提高自己的教学能力,提升自己的综合素质,"要给每名学生一滴水,只有教师拥有一瓢水",教师的综合素质将决定学生的综合素质,优秀的教师,才能培养出优秀的学生,很难想象一个素质不高的教师会培养出优秀的学生。所以,应当提升教师研究与管理学生的能力。中小学学生综合素质评价,将引导学生全面而个性化地成长。适应这样的教育教学需求,教师要不断学习提高,不断提升教书育人的能力。教师把每一名学生当成鲜活的个体和独一无二的存在,教育教学才能充分满足学生个体发展的需要。

三、提升结果质量

(一)个体发展有助于群体进步

群体由个体组成,个体的发展有助于群体进步。中小学生综合素质评价注重起点与过程,其评价过程,不是一次性的短期行为,评价结果也不是静态的数据和结论,而是关注评价个体在起点基础上的发展,关注个体在综合指标上的纵向发展与变化情况。因此,每一个个体的发展,就会在群体中产生"1+1 > 2"的放大效应。

(二)综合发展有助于整体提高

综合发展是对单纯关注成绩高低的学业发展的一种超越,学生综合素质的发展、全体学生的全面发展,是多元教育质量观的价值诉求,也是教育回归本原、从过度追求现实功利到追求人的全面发展的价值,将有助于教育质量的整体提高。

(三)素质发展有助于质量提升

学生多元素质的发展,为学生成长、成才提供了广阔的空间,是学生持续发展的动力和全面发展的催化剂,在此基础上,构筑起学生的健康人格,全面提高学生的素质,是教育目标追求的最大化,有助于教育质量的提升。

第二章　构建中小学生综合素质评价体系

　　学生综合素质评价是一种教育价值判断活动。判断就得有标准,评什么以及标准的建立即构建学生综合素质评价标准体系的过程。2014年《教育部关于加强和改进普通高中学生综合素质评价的意见》指出:"义务教育阶段学生综合素质评价由各省(区、市)根据所属地域内学生年龄特点和教育发展要求,参照制定实施办法。"本章重点介绍中小学生综合素质评价标准体系构建的原则、方法、途径与措施。

第一节　建立体系的原则

　　中小学生综合素质评价标准的建立应遵循基本的原则,全面贯彻落实党的教育方针,全面实施素质教育,落实发展性评价理念。根据《教育部关于加强和改进普通高中学生综合素质评价的意见》等文件精神,结合实际,在探索研制中小学生综合素质评价指标体系时努力遵循基础性原则、发展性原则、差异性原则和可行性原则。

一、基础性原则

教育部提出从"思想品德、学业水平、身心健康、艺术修养、社会实践"这五个方面如实记录学生成长历程,激发学生潜能优势,鼓励学生不断进步,培养学生社会责任感、创新精神和实践能力,引导学生践行社会主义核心价值观。据此,区域学生综合素质评价应根据地域特色,加以细化,让学生综合素质评价指向更加明确,一步步引导学生学会做人、学会做事、学会学习和学会创造。

(一)坚持立德树人

综合素质评价标准的建立必须坚持立德树人的育人方向。面对一个个鲜活的生命,通过不同维度的评价,发现学生的潜质,激发其不断成为最优秀的自己。从理想信念、行为习惯、公民素养、人格品质等方面构建学生品德发展的指标体系,引导学生践行社会主义核心价值观,热爱中国共产党,弘扬中华民族传统美德。

(二)落实核心素养

核心素养是个体在未来面对不确定的情境中所表现出来的真实问题解决能力与必备品格,它是通过系统的学习而习得的,是关键的、共同的素养,具有连续性与阶段性。"核心素养"不等于"综合素质",章全武认为"核心素养框架与综合素质评价虽在内容上存在交叉,但核心素养体系处于上位的指向地位。"[1]评价要从关注学生品德发展、身心健康和学业发展等方面形成"核心素养"观测点,再利用科学有效的评价工具和办法展开评价活动。"品德发展"主要考查学生在热爱祖国、人生规划、价值认同、崇尚文明、诚实

---

[1]章全武.核心素养背景下高中生综合素质评价的发展路径[J].教育科学研究,2018.2.

守信、节约环保、遵纪守法、民主平等、孝敬感恩、公平正义、自立自强等方面的典型表现、事迹和荣誉;"身心健康"主要考查学生的身体形态机能、锻炼习惯、情绪调节、行为控制、自我认识、人际沟通、生活习惯、自理能力等;"学业发展"主要考查学生学习习惯、学习方法、学习技能、作业质量、学业成绩,重点反映学科达到课程标准要求的情况、学习习惯及自学能力。

(三)把握政策沿革

中小学生综合素质评价要在涵盖教育部提出的评价指标框架的基础上,对照关键性指标,按照小学、初中和普通高中教育的不同性质和特点,构建具有地方元素的综合素质评价标准体系,推进全科育人、全程育人、全员育人,培养德、智、体、美、劳全面发展的社会主义建设者和接班人。

二、发展性原则

实施综合素质评价,就是尊重学生的个性,关注学生的发展过程,突出评价的激励与导向功能,充分肯定和鼓励学生在原有水平上的进步,使评价过程成为发现和发展学生潜能、了解学生发展需求,帮助学生认识自我和建立自信的教育过程。

(一)遵循学生发展规律

评价以中小学生全面、健康、个性的发展为核心,采用自评、互评、他评的方式进行综合评定。不同年龄段的学生有着不同的评价指标与内容,评价工具的适切性要符合被评价学生的身心发展特点,强调以客观事实为依据,用真实的、有说服力的具体事例说话,把评价做实,不说空话、假话和套话,有利于不断调动学生积极向上发展。教师要倾听学生的心声,从学习生活管理者转变为学生成长过程指导者,从学生发展评定者转变为学生自我评价促进者,结合学生的自评、互评活动,作出利于学生成长的综合评价,以此发现和发展学生潜能,激励学生健康成长。

(二)体现学段序列要求

真正的教育是从学生的实际出发,从他们的成长需求出发。围绕"品德发展,身心健康,学业发展,个性特色,实践创新"这五个方面构建各个学段学生综合素质评价指标体系,因学生的年龄特点不同,每个学段主要观测点要求也就有所不同。学段之间的观测点呈循序渐进、螺旋上升之势。

【示例】泸州市小学生综合素质评价"品德发展"方面,从"理想信念、行为习惯、公民素养、人格品质"四个观测点去评价学生的品德发展。就"理想信念"评价而言,一二年级的参考评价标准是"升、降国旗时能肃立行礼,学唱国歌;爱家、爱班、爱校,有集体意识;正确佩戴红领巾;有崇拜的英雄人物。"三四年级的参考评价标准是"认真参加升降国旗仪式;爱家,爱班,爱校,有责任意识;正确佩戴红领巾;崇拜英雄,记诵名人名言;尊重民俗;对未来有梦想。"五六年级将"理想信念"分为了"树立理想"和"价值认同"两个主要观测点,评价标准分别是"有理想,以英雄人物和名人名言激励自己;坚持佩戴红领巾;尊重不同民俗;认同优秀传统文化和社会制度。"由此,构建了一个学段不同关注点就不同,彼此协调又和谐共生的序列化着力点。

(三)着力导向发展方向

在综合素质评价中,学生是评价对象,也是评价主体。评价工作旨在为学生的全面发展、健康成长搭建活动平台,构建反馈激励机制。这一目的的实现必须建立在学生积极、主动参与的基础上,离不开学生的自我观察分析与自我评价及同伴间的相互交流,尤其是学生的内在体验、反思和改进,是别人无法替代的。说到底,综合素质评价是引导学生自我教育、不断发展的过程。学生在评价活动中,在老师和同学客观公正的评价下,从蒙昧走向醒悟,有了自己的兴趣、志向,乃至理想、信念。从自我中心走向超越自我,把自我与他人、社会,乃至国家、民族联系起来,学会担当,形成责任感和使命感;从他律走向自律,学会自我总结、反思、判断和选择,规划自己的学习、生活和人生道路,真正成为自己的主人。

三、差异性原则

教育部印发的《教育部关于加强和改进普通高中学生综合素质评价的意见》从发现和培育学生良好个性的需要出发,提出了评价的方向和框架,给地方、学校和学生的选择留有余地。

【示例】泸州市在构建学生综合素质评价标准体系时,保留了"身心健康"这一个评价内容,将"思想品德"改为"品德发展","学业水平"改为"学业发展","艺术修养"改为"个性特长","社会实践"改为"实践创新",体现了西部欠发达地区学生综合素质评价的从无到有,由浅到深。如提出的"个性特长"和"实践创新"两个评价标准,是说学生在达到基本要求的前提下,可以根据自己的兴趣、能力和爱好选择适合自己的综合素质课程,中小学生综合素质评价关注了学生本人的意愿以及兴趣、能力和发展方向,突出其差异性,从而达到最大程度的引导并因材施教。

(一)内容体现多元智能

学生综合素质评价五个方面的内容涵盖了人类多方面的智能,这是多元智能理论在我国基础教育课程改革及构建评价体系中的实践应用。学生的综合素质评价是一个多元素、多方位、动态的过程。

【示例】泸州市评价标准指标体系中,针对学生的强项和弱项制定多元化的、个性化的评价标准,立足于智能结构的各个方面去全面评价学生,综合考查学生各方面情况的发展,强调以人为本,强调评价的实效,强调促进发展。完善以教师和学生为主体,建立在师生双方相互理解、相互信任基础上的多元评价;建立学校、家庭、社会的和谐关系,形成多元化评价主体,尊重被评者,重视自评和互评的作用,从而切实促进学生多元智能的健康协调发展。

(二)结论彰显个性特点

教育部将综合素质评价定位于"发现和培育学生良好的个性",意在通过评价唤醒学生内在的道德自觉和高度自律,帮助学生成长。综合素质五个方面的评价内容是对全体学生而言的。对学生个体来讲,体力、智力、性格、品德等每个方面的发展水平(要求)又是不一样的。在关注学生全面协调发展的同时,突出学生的个性差异、潜能特长,要求各校根据学校实际建立自由灵活、丰富多样的学生成长档案,在解读学生成长过程、规划并实施班级活动、促进学生的自我评价、撰写学生的综合评语时,关注每个学生各不相同的兴趣、特长、品质,让每一个学生都能看到希望,引导学生扬长避短。

【示例】泸州市江阳区泸师附小城西分校李茂春老师根据孩子的具体情况设计了《数学课堂自我评价记录表》(以下简称《表》):该记录表包括学习态度、上课表现、作业完成情况等16个方面,每一项教学活动孩子都要给自己做评价,由一张张记录表装订成的记录本由孩子本人保管,当他们的"星"累计到一定数量,她就给学生发一封表扬信。表扬信是每月"数学之星"评选的一项重要依据。她在引导孩子进行自我评价的时候，既让孩子看到自己进步的一面，又让孩子发现自己的不足，努力做到取长补短，让孩子对自己的数学课堂进行正确的评价，增强学好数学的自信，从而提高学习的效率。并以《表》为引领，重塑开朗之花；以《表》促激励，铸造自信之花朵；以《表》明得失，培养谦虚之花；以《表》除伪辞，淬炼诚信之花。让每一位同学都留下成长进步的足迹，使每一位同学都获得健康全面的品性。同时，通过这一做法，建立起了家长与老师，孩子与老师，孩子与家长，孩子与孩子之间沟通的桥梁，让孩子在评价中茁壮成长、健康"绽放"。

（三）方法适应差异发展

时代的发展需要教育形成"重基础、强能力、高素质"的人才培养模式。综合素质评价的五个方面包含了学生发展的方方面面。在构建综合素质评价标准体系时，坚持发展性评价理念，改革传统的评价方式方法，将量化评价与质性评价相结合、形成性评价与终结性评价相结合、内部评价与外部评价相结合，注重考查学生进步程度，用赏识的眼光发现每个学生身上的闪光点。实行差异性评价，让不同学业水平、不同兴趣爱好、不同性格特点的学生都能得到个性化的发展，让不同层次的学生都有出彩的机会。

【示例】泸州市江阳区实验小学将学生综合素质发展评价的一级指标融入学校各方面的教育教学工作当中，并以其为参考，将班集体建设的主要目标和任务集中在五颗星上："珍爱生命星"（主要针对安全教育和安全行为）、"严于律己星"（主要针对班纪、秩序和学生个人守纪）、"温馨小家星"（主要指向班集体一日上课程序、两课两操、课前一支歌、课前诗文诵读、早午读管理、集体列队放学、课间娱乐活动组织）、"窗明几净星"（主要指向室内外卫生清扫与保洁、室内布置摆放整齐、个人身体卫生检查、学生病痛处理）、"个性飞扬星"(主要针对班级特色文化展现、班风评比、学生特长成绩)。通过"星级评价"来管理班级,促进良好班风和校风的构建。

四、可为性原则

开展学生综合素质评价要特别注意评价工作的可操作性。

(一)符合学段特点

综合素质评价意在为学生的全面发展、健康成长搭建活动平台,构建反馈激励机制。人性化的综合素质评价要关注学生的成长历程,促进学生积累知识、拓宽视野、陶冶精神、提升境界。

【示例】泸州市在教育部高中学生综合素质评价指标的基础上,结合本地实际和学生的年龄特点,构建了具有泸州元素的评价体系,依次渐进,螺旋上升,评价各有侧重。小学抓素质教育,以学生综合素质的发展为主要考核内容,一二年级的学生主要评价习惯养成情况,重点评价品德习惯、健康习惯、学习习惯和生活习惯等方面的情况;三四年级学生主要评价习惯养成、能力发展和兴趣特长等方面的情况;五六年级的学生主要评价品德发展、身心健康、学业发展、个性特长发展、实践创新方面的情况;初中抓素质教育,在评价品德发展、身心健康、个性特长和实践创新的基础上,稍微凸显学业发展;高中抓素质教育,从道德品质、公民素养、交流与合作能力、学习能力、运动与健康、审美与表现等方面进行评定,培养学生积极健康向上的心态,提高主动、高效的自主学习能力。

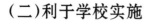

（二）利于学校实施

区域中小学生综合素质评价方案要明确学校是对学生进行综合素质评价的主体，并给学校提出评价的内容范围及基本要求，各校可以结合实际情况，建立健全中小学生综合素质评价管理机制，要求将学生平时评价与班级管理、学校管理、课堂学习与班队活动相结合，充分发挥教师、家长、班队和学生组织的作用，科学开展评价活动，科学分析评价数据，形成评价报告，指导教师、班级和年级改进教育活动。

（三）利于自我评价

综合素质评价主要是学生自我观察分析与自我评价及相互交流的过程，学生在填写记录时必然伴随着对自身成长经历的回顾和反思，蕴含着学生的自我评价和改进。这是一个自我教育的过程，而不是被动地接受他人的评判、裁定。其中，学生的内在体验与反思在于自悟和觉醒，别人无法替代。学生的评价，包括学生自己对自己的评价和同学之间的相互评价两个方面。在自评和他评中，学生之间相互学习、取长补短、共同提高，有助于那些不愿意学习的学生更好地参与课堂学习，形成积极进取的心态，增强自尊自信，从他律走向自律，实现自我发展与自我完善。

【示例】对自己的学习情况进行自我检测，作出正确的评价，是学生自我完善的"催化剂"。例如：在教学结束后，老师请学生谈谈今天有些什么收获？对自己的表现满意吗？学生A：我觉得我今天学得很认真，对自己表现很满意。在小组学习中，同学们共同探讨问题，我觉得很快乐。学生B：我今天学得很自信。我知道自己有不足之处，我们组同学给我指出来了，我及时改正了。我们在学习上互相帮助，还可以增进同学间的友谊……这样的自我评价，实际上是一个自我反省的过程。通过评价进行自我调整，自我完善，从而提高学生做人的品质。

第二节　评价指标体系的三级构建

要根据地方实际和不同学段学生的身心发展特点,按照学段构建小学、初中、普通高中及中等职业教育各段综合素质评价指标体系。学生综合素质评价存在很多难题,但也并不是没有经验可循。

一、市级编制

(一)市级统筹

由于长期"唯分数"的教育评价占据了绝对优势的地位,很多教师固执地认为只有"分数"的评价才是最公平的评价,除此之外没有其他方法能公平地评价学生、教师和学校。因此,市域推进学生综合素质评价,需要从市级层面协同推进区域中小学生综合素质评价改革,做好顶层设计,让市、区县、学校三级高度重视,在区域内整体推进。为了有效开展工作,可以建立综合素质评价改革工作领导组、综合素质评价改革专家指导组、综合素质评价改革项目实施组、综合素质评价改革项目办公室。

(二)分段构建

中小学生综合素质评价以养成良好习惯、提高自学能力、发展特长潜能为重点,关注学生的全面发展和个性发展,构建具有泸州元素的中小学生综合素质评价标准。根据学段的特点,我们分小学、初中、高中三个阶段来建构,其中小学又可分为1—2年级,3—4年级,5—6年级三个学段。

（三）形成体系

区域中小学生综合素质评价方案要形成体系，从小学到高中的综合素质评价，是相互联系，相互贯穿，相互起作用的。每个学段评价的方式也是基本一致的，因此，各学段的指标框架是高度统一和整合的。

【示例】泸州市遴选优秀教师组成中小学生综合素质评价骨干团队，分为"品德发展组、身心发展组、兴趣特长组、影响因素组、档案袋评价组"五个小组，每个小组根据学段又细分为小学中低段组，小学高段组，初中组，学前教育组，并对团队进行专业培训。按规划分层组织中小学校长、教师开展专题培训，市县教师培训机构也为此对教师开展系统培训。

按照"顶层设计、文献学习、系统研究、问计基层"的思路，采用理论学习、网络问卷、专题座谈、实地调研、协同攻关、专项论证等方式，全力研发评价指标，标准和工具。抓住不同阶段学生的特点和教育目标要求，突出重点，抓住关键点，细化评价标准，让评价标准"可操作"。

为使评价标准接地气、适应县区差异、更具可操作性，市项目办人员先后走访四县三区67所幼、小、初、高中学校开展实地调研，通过与校长、中层干部、班主任、各学科学段共1276名教师进行专题讨论，采集到2万多个有效数据，分析出116个高频词汇，形成了3万余字的调研报告。

在此基础上，市教育局组织了各市级部门、各科室、各区县参与的大型专项论证3次，与学校校长、中层干部、学科教师、家长、学生专项研讨14次，分项论证8次。2014年8月9日，教育部基础教育质量监测中心、基础教育课程教材发展中心评价处、教育发展研究中心基教室和中国教育科学研究院教育评价处等单位专家莅临泸州，对评价标准展开了充分的论证和指导。

2014年9月，国务院颁发《关于深化考试招生制度改革的实施意见》后，泸州市结合区县调研基础和自身的研究,提出"规定动作要实,自选动作要有"的原则,要求在国务院"绿色评价指标体系"的基础上,立足学生实际,体现区位差异,合理利用"加减法",体现"泸州元素",用分值量化各项指标,构建各个学段学生综合素质评价指标体系。

二、区县裁量

充分尊重区域内教育发展差异较大的实际,要求区县在市级方案的基础上认真做好中小学生综合素质评价的区县裁量工作。如江阳区形成了"小学生综合素质发展水平抽测方案",纳溪区形成了"'10A+'学生综合素质评价方案"。

加强管理

各区县成立中小学生综合素质评价工作领导小组和工作小组,负责本区县中小学生综合素质评价工作。

各区县教育局职能科室和教研部门应高度重视小学生综合素质评价工作,加强领导,精心组织,协调各方面专业力量,为学校开展综合素质评价提供指导、支持和帮助。加强学生综合素质评价的培训和管理,督导各学校认真开展评价工作。

各区县建立学生综合素质评价公示制度、审核制度、诚信制度、申诉制度、投诉制度和责任追究制,对综合素质评价过程中弄虚作假的当事人或者相关责任人,依纪依规严肃处理。

【示例】纳溪区中小学生综合素质"10A+"评价模式

泸州市纳溪区根据教育部和省市教育局文件精神,结合区域义务教育阶段学生实际情况,在中小学全面推行"10A+"评价模式中,"10"代表10项评价指标,主要包括品行发展水平、学业发展水平、体质与情感能力,"A"代表等级评价方式,"+"代表个性特长展示,由学生自愿申报,作为附加项记入评价结果。

"10A+"评价有两种不同的含义:一是评价项目"10A+",二是评价结果"10A+",因此含义不同表示形式也就不同。

第一,评价项目"10A+"。

"10"代表10项基础评价指标,主要包括品行发展水平(4项)、学业发展水平(小学为3项,初中为5项)、体质与情感能力(小学为3项,初中综合为1项)。

品行发展水平。1-2年级主要观测学生的品德、健康、生活、学习4个方面的习惯养成;3-4年级主要观测习惯养成、能力发展、个性特长、实践创新4个方面;5-9年级主要观测品德发展、身心健康、学习能力、实践创新4个方面。教育局只对考查要点作了方向性要求,考评具体内容和指标由各校根据本校的校园文化打造、特色教育活动开展、社会实践活动开展等制定,给学校留足空间,让品行发展水平评价有血有肉。

学业发展水平。小学主要包括语文、数学、综合3科,其中综合科目主要由科学、英语、信息技术、生命·生态·安全等科目组成。初中则包括语文、数学、英语、文综和理综。其中文综包括政治、历史、地理,理综包括物理、化学、生物。

体质与情感能力。我们试图通过借助音乐、美术和实践操作监测,培养学生学习美、观察美、体会美、感受美、创造美的能力,因此,小学主要包括体育、音乐、美术和实践操作(或情感能力)监测,其中体育和实践操作(或情感能力)为每生必测,音乐和美术由学生自选一科进行检测,实践操作主要包括计算机、综合实践、实验操作、"四育合一"基地实践(小学生2天/期,初中生3天/期)等操作,情感素养为书面监测,与实践操作隔年交叉进行;初中采用同样的方式,只是将3科综合为1科,即体质与情感能力。

"+"代表特长展示,体现学生个性发展,学生可根据自身特长,申报1-2项进行展示,再由测评组教师进行评价定级,列入学生测评结果。

第二,评价结果"10A+"。

"10"代表10项基础评价指标,A+代表评价的最高等级。用"A+、A、B+、B、C+、C"六个等次呈现评价等级。为了稳步推进,做好过渡,目前暂以分数评价代换为等级评价。

评价主要采用"平时观测、期末监测、学年抽测"的方式进行,其中品行发展水平是通过平时观测方式,评价学生品德发展、身心健康、学习能力、实践创新等方面的表现;学业发展水平是通过期末监测方式,监测学生学科知识的掌握情况;体质与情感能力是通过学年抽测方式,评价学生的体质健康、音乐与美术、实践操作(含计算机、综合实践、实验操作、"四育合一"等)等情况。

三、学校参考

综合素质评价说到底,是以学校为主体的一种校本评价。对于市县制定的中小学生综合素质评价要求,学校应该结合本校的具体情况进行实施。学生综合素质评价改革,必须因地制宜,在符合国家教育政策和地方文件精神的前提下,开发适合学校发展的特色项目,选择适合本校学生的改革办法。只有这样,才能够保证本校的学生综合素质评价改革真正的落地开花。基于此,学校应在国家教育方针和各级政府、教育行政部门教育政策的指导下,细化学生综合素质评价各项指标,结合学校实际编制出校本化的学生评价方案。

(一)符合地方要求

国家有国家层面的宏观教育方针和教育政策,各省(自治区、直辖市)、市、县(区)在严格遵循国家教育方针政策的前提下,也应有符合地方实情的教育要求和实施办法。对于学生综合素质评价,各级政府也会出台一系列的文件要求。所以我们在编制校本化方案时,既要认真钻研国家方针政策,也要吃透各级政府评价改革的文件和方案,与隶属的行政区域评价改革要求协同一致。

【示例】得胜小学学生综合素质评价细则

评价内容	评价指标	指标细则	评价组织	评价方式或工具
品德发展	理想信念	能树立具体的人生理想,并说出理由和实现办法,并为之持续努力。	班主任、家长代表	访谈测评
		热爱祖国传统文化,知道一定的优秀传统习俗、传统文艺、传统美德。	班主任、家长代表	问卷测评
	行为习惯	尊敬师长,友爱同学,语言文明,掌握一般的社交礼仪。	同学评价(班主任组织)	小组内同学互评
		不说谎话,不传谣言,言而有信,守时重诺。	同学评价(班主任组织)	小组内同学互评
		惜粮食、节约纸张水电;知道生活环保常识,能从自己做起。	家长评价	家长问卷反馈定级

（续表）

评价内容	评价指标	指标细则	评价组织	评价方式或工具
		自觉维护校园及公共环境卫生。	同学评价	平时记载和同学互评
品德发展	公民素养	尊敬国旗、国徽、会唱国歌，知道国旗、国徽含义，了解祖国的基本情况。	班主任、家长代表	低年级访谈测评 中高年级问卷测评
		知道自己在家、在校、在班级的不同角色应担负的责任，知道未成年人基本权利。	班主任、家长代表	低段访谈测评 中高年级问卷测评
		遵守校规校纪、遵守小学生守则，热心学校、班级公益事务。	班主任、家长代表	依据平时记载评价
		每学期阅读至少4本各100页以上的书籍，每天坚持收看新闻节目。	家长、班主任评价	低段家长问卷反馈 中高段问卷测评
	人格品质	关心体贴父母，体谅照顾长辈，能用实际行动感恩长辈。	家长评价	家长问卷反馈
		积极进取、互帮互助，携手共进。	班主任、家长代表	根据平时表现评价
身心发展	身体健康	体质健康，参与体质测试合格。	体育组	组织开展国家中小学生体质健康测试测试
		积极参加学校阳光体育活动，自觉上好体育课。	体育教师评价	依据平时记载评价
		有健身意识，并坚持锻炼。	家长评价	家长问卷反馈

（续表）

评价内容	评价指标	指标细则	评价组织	评价方式或工具
身心发展	心理健康	正确对待困难和挫折，自信自强，有面对困难、克服困难坚强信心。	学校心理咨询室组织评价	使用《得胜小学学生心理健康发展水平测试问卷》进行测评
		了解自己的身心特点，正确认识自己的特点和长处，活泼开朗、心胸宽广。		
		能正确处理人际关系；了解自己性格上的优缺点，能正确评价和反思自我。		
		诚实守信、做事磊落，心理健康、性情温和，尊重自己和他人的人格。		
		有拒绝不良行为习惯的自律精神。		
	健康生活	主动与老师、家长、同学真诚交流，诚恳待人、开朗包容。	家长、班主任评价	家长、班主任依据平时表现进行评价
		自己事自己做，并能料理力所能及的家务；高年级学生能做简单饭菜和农活。	家长评价	家长问卷反馈
		具备一定健康保健常识，不挑食不偏食，合理安排作息，娱乐爱好健康有益。	家长评价	家长问卷反馈
		遵守《泸州市中小学生安全行为"十不准"》情况。	家长、班主任评价	依据平时记载评价
	审美素养	崇尚心灵美，装扮符合学生形象规范。	家长、班主任评价	依据平时表现进行评价
		掌握一门艺术活动并能坚持，积极参与学校艺术活动。	家长、班主任评价	学生展示和平时表现
		艺术素质测试合格。	学校综评组评组织音乐教师配合	参照学校术科评价细则进行评价

（续表）

评价内容	评价指标	指标细则	评价组织	评价方式或工具
学业发展	学习能力	学习有计划，专时专用，讲求效率；学会自主学习，独立作业、及时复习。	家长、班主任评价	依据平时表现评价
		积极参与课堂学习，上课专注，正确对待学习挫折，对学习充满兴趣。	任课教师评价	依据平时表现评价
		能积极学习和运用有效的学习方法，学习效率高。	任课教师评价	任课教师依据平时表现予以评价
	学业成绩	课外实践、探究活动完成情况（非书面作业）。	班主任评价	依据平时表现评价
		基础知识扎实，能灵活运用，学业测试成绩优良，不明显偏科。	学校综评组组织任课教师配合	参照学校"学生学业成绩测试办法"进行评价
	实践创新	积极参与课堂小组合作探究学习，爱观察会思考，会动手善理解。	任课教师评价	运用"小组合作学习"积分卡评价
		认真学习综合实践课程，积极参与学校组织的劳动实践和社会实践活动。	班主任评价	依据平时记载评价
		热爱科学，生活中爱观察爱动脑，积极参加科技小发明、小制作活动。	班主任评价	依据平时记载评价
		认真上好信息技术课，能熟练掌握学习内容，能操作会讲解。	学校综评组评组织信息技术教师配合	参照学校术科评价细则进行评价

(续表)

评价内容	评价指标	指标细则	评价组织	评价方式或工具
个性特长	兴趣爱好	正确认识每一门学科的价值，积极参与每一科的学习。	任课教师评价	班主任汇总评价
		积极参与学校校级社团或班级社团活动，坚持训练、不断提高、形成特长。	社团辅导员评价	运用学生社团队员评价细则评价
	潜能特长	兼顾其他学科，发展优秀学科，形成拔尖学科。	任课教师推荐	任课教师推荐班主任审核认可
		掌握2项体育运动项目，爱好一项艺术活动，并能坚持。	家长、班主任评价	现场展示、评价
		积极参与各级各类比赛，争取赛出成绩；积极进取，争取评选优秀。	班主任统计	依据获奖记录汇总

（二）参考成功经验

我们可以参考国内外一些先进经验，结合实际为我所用，从而走出一条适合自己的学生综合素质评价改革路子。国外学生综合素质评价领域进行的改革，在评价标准、评价内容、评价主体和评价方法等方面都具一些不同的特点。

【示例】美国、英国和韩国的学生评价

1.美国的学生评价

美国联邦教育部制定的学生综合素质累计记录包括：学生姓名、性别、出生年月；家庭情况和住址；身体状况；标准检查的结果；入学，转退学、毕业；学习成绩；保护和特殊援助。由此可见，美国的综合素质评定内容包括的范围很广，不仅仅是学生的学习成绩。

为提高中小学的教育质量,美国在学生评价方面进行了许多有益的改革尝试,并取得了很多的成果。

真实性评价是美国学生评价的主导理念。尽管美国各州的学生评价标准不同,但都在很大程度上体现了真实性评价的基本要求,评价力求反映学生个人发展的整体状况,为学生将来适应社会提供有价值的指导信息。

在评价实施过程中注重学生的本位评价。从根本上说,学生本位评价意味着学生在全面参与评价的过程中构建着自己的主体地位,进而在"自主和责任"下进行个性化选择,在自由状态下实现主动发展。

2.英国的学生评价

在英国伦敦地区,学生综合评价内容主要包括:人的全面特征;特殊的能力爱好;需要特别指导的事项;国语;算术。从中可以看出,它是对学生综合素质的评定。英国学生评价强调以下两点:

一是通过评价培养全面发展的学生。这种评价趋势更注重的是学生的具体化、个别化学习或个人学习风格,意在通过学生学习过程中的即时诊断、即时反馈来促进学生的学习更加有效,促进他们成为全面的学习者。因此,这也可以说是学生评价从学习结果向学习过程转移的一种趋势。

二是通过评价解放学生。2000年9月,英国新课程实施以后,对学生的评价需要转向,需要为发展学生能力以及不同年龄段的个体产生新的能力所驱动。从新课程的评价标准可以看出,学生评价更加关注问题解决能力、个人效率、思维技能及接受变革的意愿。

3.韩国的学生评价

韩国实施的逐行评价是不同于传统评价的新的评价制度。逐行评价不是选出正确答案的评价,而是把得到答案的方法表现出来的评价。逐行评价更重视获得结果的过程,不但重视"知道了些什么",也注重"怎么样知道的"。逐行评价综合地评价学生个人的变化与发展,强调全面的、继续进行的评价。因此,逐行评价更符合与知、德、体相调和的人性教育、开放教育(它重视对学生的认知、情感、身体等领域进行综合、全面的评价)的要求。

(三)细化评价指标

我们应清晰地认识到,小学、初中和普通高中各有不同的性质与教育特点,每个地区都有区域教育特色,具体到每一所学校又自有独特的学校文化。所以学校在实施本校学生综合素质评价时,要在上级部门规定的评价内容基础上,对评价指标进一步细化,设计并把握住主要的观测点,制订出详细的、具有可操作性的评价标准。这样,每位老师心中的标准也都是统一的;学生也能明晰自己的努力方向,知道自己该做什么,到底该怎样做;家长也对评价学生的"尺子"有全面的了解,能与学校更好地配合,形成家校合力。

【示例】泸州市某学校"学习习惯"评价标准的细化

评价标准	评价细则
自觉预习	1.预习时逐词、逐句阅读相关学习内容。
	2.联系以前所学过的相关知识,深刻理解本节课知识的重点和难点。
	3.画出哪些地方不会,并及时做好记录,为下一节课做好充分的准备。
专心听课	1.课前准备好所需用的课本、笔记本、作业本、工具书等。
	2.课堂上认真听老师的讲解和同学们的发言,积极配合老师,随时跟上老师的思路和节奏,积极回答老师提出的每一个问题,对分组讨论问题要积极踊跃,敢于发表自己的意见和见解。
	3.善于记录课堂笔记,要记录学习的要点、学习心得以及老师对教材的补充和延伸,以便逐步加深和更正自己对新知识的理解,不断提高自学能力。

（续表）

及时复习	1. 平时复习：主要是巩固课堂所学的新知识，必须做到及时整理、修改、补充课堂笔记，深化和巩固对新知识的理解、记忆，对重要的知识要经常复习，牢固掌握。
	2. 阶段复习：主要是使知识条理化、结构化、系统化；对单元、章节知识进行复习巩固，复习时要进行知识的归类，把握重点，弄清新旧知识的联系，做到融会贯通，在阶段复习时要注意养成运用所学知识解决实际问题的能力，使学习能力上一个台阶。
	3. 总复习：主要就是对一个学期、一个学年所学的知识进行全面复习巩固。因此复习时要根据复习时间制订切实可行的复习计划。对已学的知识进行系统梳理，查漏补缺，解决疑难问题。
	4. 需要注意，复习不仅仅是知识的复习，还应包括学习方法的回顾和总结。通过学习方法的不断总结和完善，不断提高自己的学习能力。

（四）凸显学校特色

适合的才是最好的。学生评价改革，必须因地制宜，在符合国家教育政策和地方文件精神的前提下，开发适合学校发展的特色项目，选择适合本校学生的改革办法。只有这样，才能够保证本校的学生综合素质评价改革真正落地。编制学生综合素质评价方案，必须立足学校实际，因地制宜，充分考虑学校文化和当地民俗风情，挖掘本土特色资源。其优点：一是本土特色资源能为学生发展服务，传承本土特色文化，并使之不断创新发展；二是学校依托有利条件，能够充分展示学校风貌和当代学生的风采。

【示例】古蔺金兰小学发展性评价探索

学校让教师从自身所受评价中感受评价的引导和激励作用，从而转变教育观念，为落实学生发展性评价创设良好环境，提供有力保障。学校在教师评优选先、年度考核和职称评定中建立了系列的教师评价激励机制，让发展性的评价方式成为教师发展的动力。

着力改革学生综合素质评价，使学生不断认识自我、发现自我、完善自我，促进学生综合素质不断提高。学校将学生的行为习惯评价与学校的常规管理有机结合起来，首先利用学生值周管理制度，对全校班级学生的出勤、两操、行为习惯等方面进行全方位的综合考评，促进学生对常规管理工作的重视，使学校的常规管理呈现新的面貌。其次，学校成立大队委，建立学生干部队伍，下设学习部、纪检部、安全部、卫生部小记者站、广播站等，负责全校同学的学习、卫生、出勤、纪律、礼仪、安全等，并以班级为依托，落实学生品德行为习惯的养成教育。及时捕捉学校的信息并进行报道，反馈检查结果，进行通报、总结，以星级班级评选，对学生的品德进行发展评价。在研究过程中拟定了《古蔺金兰小学学生思想品德评价量表》，改变学生的品德的评价，克服过去"教师一人定乾坤"这种单一评价主体的弊端，鼓励学生本人、同学之间进行评价，将评价变为师生、家长共同参与的活动，形成评价主体的多样化。通过改变评价方式，让学生获得成功的体验，促进了学生的自主发展，使学生找到参照标准，改进自己的品德行为，增强学生的自信心和进取意识。

学校认真用好学生评价报告册。班主任、学科教师在教育活动的全过程中，采用多样的、开放式的评价方法，了解每位学生的学习兴趣与习惯、学习状况与发展、学习特点与潜能等情况，对学生学科和学段目标进行随机评价，并将评价情况及时如实填写入学生学习报告册，提高学生学习积极性与主动性，以促进学生全面发展。

第三节 中小学生综合素质评价方案示例

一、上海市中小学生综合素质评价方案(试行)

为全面实施素质教育,促进中小学生全面发展,推进中小学评价和考试制度改革,指导中小学校对学生综合素质的评价,特制定本方案。

综合素质评价在《上海市学生成长记录册(试行)》(以下简称《成长记录册》)的日常性记录基础上进行。每学年对学生进行一次全面综合的评价,作为学生综合素质学年评价。在小学、初中、高中毕业时,以各学年评价为基础,再做出学段评价。

(一)指导思想

以科学发展观为指导,全面贯彻党和国家的教育方针,认真落实《中共中央国务院关于进一步加强和改进未成年人思想道德建设的若干意见》(中办发[2004]8号)和《教育部关于积极推进中小学评价和考试制度改革的通知》(教基[2002]26号)的精神,从德、智、体、美诸方面全面反映学生的发展状况和水平,引导中小学校全面实施素质教育。

学生综合素质评价结果既作为学生在该学段学业是否合格、准予毕业的依据,也可作为升入高一级学校时的参考。

(二)基本原则

1.根据党和国家的教育方针,按照培养德、智、体、美诸方面全面发展的社会主义建设者和接班人的目标要求,建立和完善中小学生综合素质评价制度,以正确的教育质量观全面评价学生,全面反映中小学生的发展状况和水平。

2.按照《上海市普通中小学课程方案》《上海市中小学各学科课程标准》以及《上海市学生民族精神教育指导纲要》和《上海市中小学生生命教育指导纲要》等文件的要求,构建中小学生综合素质评价指标体系,从知识与技能、过程与方法、情感态度与价值观等维度评价学生发展水平。

3.以《成长记录册》为基础,建立学生综合素质评价体系。学生综合素质评价指标要反映中小学生在校学习期间德、智、体、美诸方面的综合素质及个性发展的关键指标,各指标的具体评价内容与标准在《成长记录册》上要有详细的评价和记录,每学年的学生综合素质评价要以本学年《成长记录册》上的记录为基础。

(三)评价指标

1.上海市中小学生综合素质评价指标体系按一级指标、二级指标、三级指标的方法逐步细化。一级指标包括德、智、体、美四个方面。

2."德"的二级指标包括思想品德、社会实践、德育学科学习三个方面。其中,思想品德的三级指标包括热爱祖国、勤奋自强、诚信守法、文明礼貌、团结合作五个方面;社会实践的三级指标包括学农学军、实践活动、劳动表现三个方面;德育学科学习的三级指标包括学习表现、学习能力、学习成绩三个方面。

3."智"的二级指标包括学习表现、实践能力、学习能力、学习成绩四个方面。其中,学习表现的三级指标包括学习态度、学习习惯两个方面;实践能力的三级指标包括实验操作能力、技术操作能力、学科实践能力三个方面;学习能力的三级指标包括阅读交流表达、科学探究两个方面;学习成绩的三级指标主要是各学科(德育、体育、美育学科除外)成绩。

4."体"的二级指标包括健身锻炼、身体健康、体育学科学习三个方面。其中,健身锻炼的三级指标包括锻炼习惯、健身能力两个方面;身体健康的三级指标包括体质健康、卫生习惯两个方面;体育学科学习的三级指标包括体育学习表现、学习能力、学习成绩三个方面。

5."美"的二级指标包括艺术活动和美育学科学习两个方面。其中,艺术活动的三级指标包括活动表现、审美欣赏两个方面;美育学科学习的三级指标包括艺术学科的学习表现、学习能力、学习成绩三个方面。

6.各三级指标的检测要素主要来自《成长记录册》中的记录。记录在录入到配套软件后,将自动生成各学年、各学段中小学生综合素质评价结果。各指标的评价结果用"优""良""合格""不合格(或需努力)"记载。

7.初、高中学段综合素质评价设置初、高中学业水平考试成绩记载栏。初、高中学业水平考试成绩既反映学生学科学业水平的状况,是学生是否合格、毕业的依据,同时也是高一级学校录取的基础性信息依据之一。

8.综合评价另设"突出表现"或"特长"记录栏,概述性表述学生思想品德突出表现和兴趣特长突出表现,总字数控制在50字以内,若无突出表现或特长则不记录。

(四)实施要求和办法

1.在中小学生综合素质评价方案的实施中,要特别重视以下三个方面的要求:坚持发展性评价,检测评价时,要以《成长记录册》为基础,既要重视结果评价,更要注重过程评价,关注学生进步和发展状况;坚持学生自我评价原则,重视体现学生对自己成长发展的自我评价,以引导学生学会自我诊

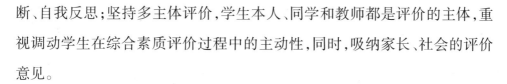

断、自我反思;坚持多主体评价,学生本人、同学和教师都是评价的主体,重视调动学生在综合素质评价过程中的主动性,同时,吸纳家长、社会的评价意见。

2.重视同学互评在学生综合素质评价中的作用。学生互评应采取班级互评、小组(队)互评等形式,小组互评的学生数应在10人左右。

3.评价由班级评价小组负责。班级评价小组由班主任、本班主要学科的任课教师、学生、家长等成员组成,人数为5人左右。班级评价小组成员中的学生和教师要充分了解学生,在本班级学习、授课时间不少于1年。每一个学科教师和班主任都要以学生发展为本,把握每一位学生的心态、身体、心理的发展状况,科学、综合地做好学生的综合素质评价工作,做到有日常记录积累,有个案分析指导等,促进学生全面发展。

4.小学起始年级学生综合素质评价,可由学校根据学生生理、心理特点,制订实施办法,积极稳妥推进。

(五)评价结果的运用

1.每学年的中小学生综合素质评价结果是衡量学生是否达到课程培养目标要求的重要依据。

2.各学段的中小学生综合素质评价结果作为学生是否毕业的重要依据,也可作为高一级学校招生录取的依据之一。

3.中小学校应该把学生综合素质评价结果作为诊断和改进教育教学工作的重要依据。

(六)管理保障

1.市、区(县)教育行政部门要成立中小学生综合素质评价领导小组,负责综合素质评价试行工作的研究、宣传、试点与推广工作。市教委组织力量在"管理通"平台基础上,研制《上海市学生成长记录册(试行)》配套软件,实现学生综合素质评价的数字化操作。

2.各区县教育行政部门要结合本地区的实际,制订本区县中小学综合素质评价的实施意见,明确校长、教师、班主任等人员实施学生综合素质评价的职责要求,切实做好中小学生综合素质评价的指导、培训和管理以及《成长记录册(试行)》配套软件的推广、培训工作。

3.试点中小学校要成立由学校校长任组长的学生综合素质评价工作小组,负责制订本校《成长记录册》和学生综合素质评价工作的实施细则和工作规范程序,组织开展《成长记录册》的文字版本记录和配套软件数据填写,在此基础上做好学生综合素质评价工作。学校要对学校教师、学生进行记录和评价工作的培训和指导。要加强在评价实施过程中的诚信教育,坚持实事求是和诚信原则,加强民主监督,接受质询、投诉与举报,及时解决评价工作中的问题。

4.市、区(县)德研、教研和科研等部门要进一步加强对中小学生评价和考试制度改革的研究,要对本方案试行、推广工作进行调研、指导、总结经验,提出对评价方案及实施操作要求的修订意见。

5.市、区(县)教育督导部门要将区县和学校实施中小学生综合素质评价工作作为对区县和学校办学水平督导评估的内容之一,以保证评价实施过程的客观、公正和公平。

二、广东省初中学生综合素质评价的指导意见(试行)

为全面贯彻党的十八大和十九大精神,落实立德树人的根本任务,发展素

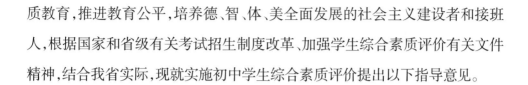

质教育,推进教育公平,培养德、智、体、美全面发展的社会主义建设者和接班人,根据国家和省级有关考试招生制度改革、加强学生综合素质评价有关文件精神,结合我省实际,现就实施初中学生综合素质评价提出以下指导意见。

(一)目的意义

初中学生综合素质评价是对初中学生全面发展状况的观察、记录、分析,是发现和培育学生良好个性的重要手段,是深入推进素质教育的一项重要制度。综合素质评价的目的是整体反映学生初中阶段德、智、体、美全面发展情况和个性特长,客观记录初中学生成长过程的突出表现,为落实因材施教、促进学生成长提供依据,并作为学生毕业升学的依据或参考。

实施综合素质评价,有利于全面落实立德树人的根本任务,引导学校和教师确立正确的教育质量观、发展观和评价观;有利于促进教育评价方式改革,切实转变人才培养模式;有利于提升学生自我认识、自我评价和自我教育能力,促进学生积极主动多样化健康发展;有利于社会和家庭形成正确的育人观,营造良好的社会氛围。

(二)基本原则

1.坚持方向性和指导性。引导学生践行社会主义核心价值观,热爱祖国和中国共产党,弘扬中华民族优秀传统文化,形成正确的世界观、人生观和价值观。尊重学生个性特点和成长需要,关注个性化成长过程;加强学生的自我评价,帮助学生认识自我、发展自我,激发学生发展潜能。

2.坚持全面发展和个性发展。关注学生健康、多样发展,既重视学生思想品德、学业水平、身心健康、艺术素养、实践能力等方面的全面发展,也反映学生个体的主要特点和突出表现,在面向全体学生的同时为每一个学生的个性特长发展提出针对性的指引。

3.坚持真实客观和公正有效。如实记录学生在成长过程中的突出表现,真实反映学生的发展状况,以事实为依据进行评价,确保评价内容客观真实。严格规范评价程序,注重师生全员参与,强化有效监督,确保评价过程公开透明,评价结果公平公正。坚持有效性和可操作性,聚焦可观察、可评价的行为和成果,确保综合素质评价结果可信可用。

(三)评价内容

根据初中教育的性质、学生年龄特点,结合教育教学实际,充分反映学生全面发展情况和个性特长,依托学生综合素质评价信息管理平台(以下简称"信息平台"),建立完善的学生个人综合素质评价档案。初中学生综合素质评价内容主要包括思想品德、学业水平、身心健康、艺术素养和社会实践五个方面。

1.思想品德。主要考查学生在践行社会主义核心价值观,在爱党爱国、理想信念、责任担当、热爱集体、遵纪守法、诚实守信、行为习惯等方面的表现,重点记录学生的思想素质与品德发展方面的表现,如学习弘扬优秀传统文化、接受公民教育、法治教育和国防教育、参与学校班团队活动、社团活动、公益劳动、社区服务、志愿服务等。

2.学业水平。主要考查学生各门课程基础知识、基本技能掌握情况,学习能力和运用知识解决问题的能力,形成的人文素养和科学精神等。重点考查初中生的学业水平考试成绩(含实验操作成绩)、地方课程和校本课程学习内容与成绩、研究性学习的经历与成果,以及学习习惯、学习能力、创新意识、创新能力等方面的重要表现。

3.身心健康。主要考查学生的基本身体机能与运动技能、体育锻炼习惯与健康生活方式,以及心理健康状况、安全素养等。重点是基于《国家学生体质健康标准》的达标情况,体育运动技能掌握情况、每天一小时校园体育活动表现及课余体育训练情况、健康生活方式养成,以及自我认知、人际关系、情绪特点、认知方式和青春期适应能力,安全知识、安全意识与相关技能等。

4.艺术素养。主要考查学生对艺术的审美感受、理解、鉴赏和表现的能力。重点是音乐、舞蹈、戏剧(戏曲)、影视、美术、书法、播音和主持等方面的兴趣特长,参加艺术活动(包括参观艺术场馆、参加艺术学习、欣赏或参与艺术表演等)的经历与成果等。

5.社会实践。主要考查学生在社会生活中动手操作、体验探究和调查研究、形成的劳动意识和劳动技能等情况。重点是生活技能、劳动实践、职业体验、参观学习、研学旅行和调查研究等实践活动的经历、培养的能力和形成的成果等。

省级部制定初中学生综合素质评价档案格式和指标体系,供各地级以上市(以下简称各市)参考使用。各市结合区域实际和学生成长要求,在充分调查研究和征求意见的基础上,可适当调整档案格式,也可适当增减二级指标或作进一步细化,形成本市初中学生综合素质评价标准。各初中学校根据学校办学特色等制定具体的评价操作细则。

(四)评价方式

初中学生综合素质评价主要采取写实记录、评语评价与重要观测点计分评价相结合的形式进行。

1.写实记录

写实记录主要指学生在教师指导下,在成长过程中客观记录的,能集中反映自身综合素质发展过程与结果的关键事件以及相关证据材料等,如典型事实材料、重要活动过程记录、调查报告、研究报告、论文、活动作品,以及照片、录音、录像材料、各种证书等。写实记录要描述要点、客观真实、有据可查。鼓励各地采取"谁实施谁记录"的做法,对教育行政部门或学校组织实施的考试、竞赛、社会实践等活动,直接由实施方将学生参与情况导入信息平台。

2.评语评价

评语评价指学生自我陈述和教师评语。评价包括学期评价和毕业评价两类,学期评价在每学期结束时进行,反映学生一学期的综合素质发展情况;毕业评价在第五或第六学期末进行,反映学生整个初中阶段综合素质发展情况。

(1)自我陈述。在教师指导下,学生用纪实性语言陈述自己综合素质发展情况和个性特长,并以典型事例支撑;引导学生在回顾和记录成长事实的过程中,不断发现自我和提升自我,建立自信,主动反思,促进学生自我教育和主动发展。

(2)教师评语。指教师在全面了解学生成长情况的基础上,围绕学生成长过程的突出表现,分析记录学生发展的信息,力求全面、客观、公正地反映学生的总体发展水平和个性特点。要重视以发展的眼光看待学生的成长,反映学生的变化;要突出正面引导,鼓励学生不断进步。

3.重要观测点计分评价

根据学生的学段和年龄特点,在综合素质评价内容中,分别选取同样数量的能基本适用于全体学生、较好反映学生成长变化和综合素质发展情况,并具有较强代表性与典型性、可测量可评价的关键事件,作为学生综合素质评价的重要观测点。重要观测点按学期进行计分,作为学生综合素质评价的结果之一,反映学生特长发展和个性化发展的重要方面。综合素质评价五方面重要观测点最高得分值均为20分,实行各自计分且各学期得分可以累加;五方面得分不作汇总。各市也可结合实际,增减重要观测点,但要保证五方面规定的最高得分值相等。

鼓励有条件的市积极探索基于写实记录、评语评价和重要观测点计分评价的学生综合素质等级评价模式，根据学生综合素质发展的个体水平和相对差异分别赋予不同的等级，作为学生综合素质评价的结果。

（五）评价程序

1.写实记录。在每学期的学习过程中，学生在家长或老师协助下，随时在信息平台录入个人写实记录。未经学校审核前学生可修改完善写实记录。采取"谁实施谁记录"方式的教育行政部门或学校在活动结束后应及时将学生参与情况记入信息平台。

2.审阅遴选。班主任应定期审阅学生提交的写实记录，了解学生成长情况，并可按规定程序在一定范围内向任课教师、学生公开；学期末班主任及有关教师应指导督促学生整理个人写实记录材料并遴选出不超过规定数量的具有代表性的重要活动记录和典型事实材料（包括计分的重点观测点达成情况），完善有关佐证材料。学生无某方面记录或事迹不突出的，可以减少记录数量或空缺。

3.公示确认。每学期末，学校对遴选出来的不涉及个人隐私的写实记录材料（含重要观测点计分）在信息平台或教室、公示栏、校园网等显著位置集中进行公示，公示期为7天。公示结束后，学生、班主任及有关教师要对确认无异议的个人写实记录进行签字确认，并统一在信息平台中及时提交审核。一经审核，相关记录不可更改。

4.提交评语。原则上教师评语经一定程序确认后由班主任统一导入信息平台，学生自我陈述由学生自行导入信息平台。各地也可结合实际另行规定。

5.形成档案。写实记录、评语评价重要观测点得分等数据经审核后由信息平台汇总,形成学生个人综合素质评价档案材料。

(六)综合素质评价档案的使用

1.作为指导学生成长的依据。学校、教师和家长要充分利用写实记录材料,对学生成长过程进行科学分析,引导学生发现自我,建立自信,指导学生发扬优点,克服不足,明确努力方向,充分发挥评价过程的教育功能,促进学生健康、多样发展。

2.作为学生毕业升学依据或参考。各市要将初中学生综合素质评价结果作为高中阶段学校招生录取的依据或参考,并明确具体的要求,鼓励支持有条件的市将其作为招生录取依据。高中学校在招生时要根据当地高中阶段学校考试招生政策和本校办学特色及人才培养要求,制定科学规范的综合素质评价体系和使用办法,提前向社会公布并报学校主管部门备案。在使用相关评价材料时,高中学校可使用初中学校综合素质评价结果,也可组织专业人员对档案材料进行研究分析,采取集体评议等方式做出客观评价。学生综合素质评价情况可作为高中学校自主招生的主要依据。

3.作为评价学校办学水平的重要依据。各级教育部门要把学生综合素质评价结果作为评价学校办学水平的重要依据。学校和教师要根据学生综合素质评价结果改进教育教学行为,全面落实素质教育,提高管理和教育教学水平。各地要加强学生综合素质评价数据的分析应用,为区域教育发展和提升学校办学水平提供数据支撑。

(七)组织保障

1.加强组织领导。各级教育行政部门要高度重视,加强领导,精心组织,统筹综合素质评价工作。要加强指导,协调各方面专业力量,为学校开展综合素质评价提供支持和帮助。要加强宣传引导,争取社会各界的理解与支持。要进一步加大经费投入力度,加强学生综合素质评价研究、培训和实施等方面的经费保障力度,为学校深入推进素质教育提供相应支撑。加强督导工作,将各级教育行政部门和学校开展综合素质评价工作纳入教育督导的重要内容,组织责任督学开展定期专项督导和日常检查指导。

2.坚持常态化实施。学生综合素质评价由学校负责组织实施。学校要成立工作领导小组,建立健全学生成长指导和记录规章制度,明确本校提高学生综合素质的措施以及实施综合素质评价的具体要求和办法,建立实施综合素质评价责任制。学校要主动创造条件,深化课程改革,创新人才培养模式,广泛开展有利于学生成长的各类活动,为学生综合素质提升提供支撑。学校在考核管理中要纳入综合素质评价工作内容,激发全体教师参与综合素质评价工作的积极性。每个班级要建立由班主任、相关教师等组成的班级综合素质评价工作小组,具体负责所在班级综合素质评价工作。要注重在日常教育教学活动中,指导学生及时记录和收集整理有关材料,引导学生进行自我评价、自我教育和自主发展,避免集中突击。要充分发挥学校党、团、学生组织和家委会的作用。

3.开展全员培训。将综合素质评价工作纳入教师全员培训内容,提高教师自身综合素质评价能力、指导学生做好综合素质评价相关工作的能力。要引导所有任课教师参与到综合素质评价过程中来,形成教育合力。要加强对信息平台使用的培训,使学校管理人员、教师、学生等能够有效使用平台及时了解学生成长情况,做好人才培养工作。要着力提升教师科学应用综合素质评价档案因材施教,指引学生健康成长的能力。

4.加强信息化管理。省教育厅将依托中小学生学籍信息管理系统研发和建立省学生综合素质评价信息管理平台,依托信息化手段大力推进综合素质评价工作,并加强与现有相关信息系统对接。各市可应用省信息平台开展相关工作,也可在确保系统对接和数据一致性的基础上自行开发信息平台。各级教育行政部门要指导和督促学校积极应用信息平台开展学生综合素质评价,加强信息安全管理。由外省(区、市)转学进入我省初中就读的学生,其综合素质评价信息经市教育行政部门认定后导入信息平台。

5.建立健全监督机制。建立公示制度,学校要及时将综合素质评价的内容、标准、方法、程序、人员、规章制度等进行公示,提升综合素质评价工作的公开透明度;要完善学生综合素质评价材料的公示办法,既要保障学生合法权益与信息隐私,也要畅通举报渠道确保材料真实可信。建立申诉与复议制度,学生或其监护人等对评价结果或学校评价工作有异议的,可向学校提出申诉,学校要依法依规进行核查确认并反馈意见。教育行政部门要完善相应的监督机制,公开举报电话和网站。建立诚信责任追究制度,对弄虚作假者要按照有关规定严肃处理,违反法律的要追究法律责任。

6.系统推进基础教育学生综合素质评价工作。省学生综合素质评价平台将覆盖从小学到高中学段。各地要将初中学生综合素质评价与高中学生综合素质评价有序衔接起来,在制定标准和实施要求时要统筹设计、保持系统性和连贯性。鼓励有条件的市依托信息平台积极探索开展小学学生综合素质评价工作。

广东省初中学生综合素质评价指标体系

一级指标 （5个）	二级指标 （14个）	指标内涵（写实记录采集范围）	重要观测点建议 （每学期评价一次）
一、思想品德	（一）思想素质	学生践行社会主义核心价值观，爱党爱国、坚持理想信念等方面的思想和行为表现。	1.积极参加学校升国旗、弘扬优秀传统文化、法治教育、国防教育等活动，并参观爱国主义教育基地。 2.担任班团队、社团等学生干部或在服务集体方面有突出表现。 3.参加公益活动、志愿者活动、社区服务等累计24小时及以上。 4.获得校级及以上三好学生、优秀少先队员、优秀团员、优秀学生干部等德育类或综合类荣誉称号。 5.无违法行为，未受到学校纪律处分。
	（二）品德发展	学生组织参与班团队、学校社团、社区活动及其他相关公益活动、志愿活动等方面的情况，在品德和行为习惯养成方面的情况，所获得的品德类或综合类（含德育评价内容）荣誉等。	
	（三）公民意识	学生参与相关社会活动，养成公民意识，形成公民行为，以及在传承中华优秀传统文化、形成国家认同和国际理解等方面的情况，记录相关活动或典型事例。	

(续表)

一级指标 (5个)	二级指标 (14个)	指标内涵(写实记录采集范围)	重要观测点建议 (每学期评价一次)
二、学业水平	(一)学业成绩	学生修习课程(包括国家课程、地方课程、校本课程等)的科目、学分(学时)、成绩等的记录等。	1. 各科成绩达到合格及以上标准。 2. 获得校级以上学习类奖励或荣誉称号(含竞赛等)。 3. 积极参与研究性学习,并取得一定成果。 4. 积极利用公共图书馆资源或学校图书馆,借书阅读量10册以上,并撰写读书心得体会。 5. 在创新意识创新能力上有突出表现,并取得显著的成果。
	(二)学业潜力	学生参与研究性学习经历(次数或项目数、承担角色与持续时间、个人感受与成果等);优势学科学习情况(参加学校组织或教育行政部门组织或认可的竞赛等的次数、名次、荣誉等,以及在优势学科领域的拓展学习情况)。	
	(三)学业素养	学生在学习兴趣、学习态度、学习能力、学业情感、学习习惯、学业规划等方面的情况,以及在人文素养、科学精神、创新能力等方面的情况(典型表现或事例)。	
三、身心健康	(一)体质状况	学生体检基本情况、基本身体素质(《国家学生体质健康标准》达标情况)等。	1.《国家学生体质健康标准》达标。 2. 体育、心理课程出勤率达到100%。 3. 掌握2项体育技能并积极参加学校运动会,或获得县级以上体育竞赛奖项。 4. 积极参加学校组织的心理健康教育、安全教育和校外安全实践活动,参加应急疏散演练2次以上。 5. 沟通能力和合作能力较强,人际关系融洽。
	(二)健康生活	学生日常及每天一小时校园体育运动表现、特长项目及体育竞赛表现、起居饮食情况等。	
	(三)安全素养	学生掌握安全知识、树立安全意识、形成必要的自救与互救基本技能的情况和事例。	
	(四)心理健康	学生自我认知、人际关系、情绪特点、认知方式和青春期适应等。	

(续表)

一级指标 (5个)	二级指标 (14个)	指标内涵(写实记录采集范围)	重要观测点建议 (每学期评价一次)
四、艺术素养	(一)艺术体验	学生参加艺术活动提高艺术素养,包括参观艺术场馆、参加校外艺术学习、观看艺术演出展览、参与校内及社会艺术活动等方面的活动记录,以及其他日常生活中形成艺术体验的记录。	1.艺术课程出勤率达到100%。 2.掌握1项艺术特长。 3.参加各类艺术活动三次以上。 4.积极参与校内艺术兴趣小组或群体性活动。 5.获得教育行政部门组织或认可的县级以上艺术类竞赛奖励或荣誉称号。
	(二)艺术特长	学生在艺术领域具备的特长,参加艺术展演、比赛的情况,形成了有代表性的艺术创作成果等。	
五、社会实践(主要考查学生在社会生活中动手操作、体验经历和调查研究等情况)	(一)社会学习	学生参观考察各行各业组织机构、参与与年龄特征相适应的职业体验活动情况及收获、技能学习和社会调研等活动情况等。	1.参加有组织的校外参观学习两次以上。 2.参与研学旅行1次以上。 3.参与社会调研1次以上。
	(二)劳动实践	学生劳动意识、劳动习惯、劳动技能形成,参与与年龄特征相适应的劳动实践活动等情况。	4.掌握基本的家务劳动技能且平均每周参加2次以上的家务劳动。 5.参加与年龄特征相适应的劳动实践活动1次以上。

说明:

1.二级指标为基本版,各地市可结合地区实际作适当增减,但原则上不对现有二级指标名称和内涵进行调整,以免影响数据的统一性。

2.地市可结合地方实际制定三级指标,进一步指导学校和学生做好写实记录的数据采集工作;学校应结合办学实际,制定操作细则,并可根据指标要求提出数据采集范围等要求。写实记录主要记录学生的重要活动和典型事实材料等,包括学生参加活动次数、承担角色、持续时间、主要表现或活动成果等。

3.重要观测点为建议稿,综合素质评价五方面内容观测点的满分值为20分,其中每个观测点满分值为4分,采取达到即计满分、达不到不计分的方法。地市在保证综合素质评价五方面重要观测点数量、满分值相等的前提下,可对重要观测点计分体系进行调整:在内容上,地市可采用建议稿,可在建议稿基础上增减数量,也可根据相关要求制定重要观测点;在方法上,地市可采用省建议的方法,也可采取等级计分的方式,根据观测点达成度不同赋予不同分值。

4.出勤率计算时不含正常的请假。

5.涉及荣誉或比赛奖励内容,仅指学校组织、教育行政部门组织或认可的评选结果。学生参加其他机构组织的活动或评选情况,可在写实记录部分如实记录。

三、潍坊市初中学生综合素质评价工作规程(试行)

第一章 总则

第一条 为规范初中学生综合素质评价工作,根据潍坊市教育局《关于进一步做好初中学生综合素质评价工作的实施意见》(潍教办字〔2014〕1号)、《关于进一步做好初中学生综合素质评价工作的通知》(潍教办字〔2015〕7号)等有关文件精神,制定本规程。

第二条 全市初中学校实施学生综合素质评价工作适用本规程。

第三条 初中学生综合素质评价工作包括以下流程:

(一)成立综合素质评价工作机构。

（二）学生综合素质评价方案的制定与修订。

（三）学生综合素质评价方案论证、审批。

（四）学生综合素质评价方案政策宣讲。

（五）学生综合素质评价的实施。

（六）学生综合素质评价结果等级比例及奖励指标分配。

（七）学生综合素质评价结果公示、审核、备案。

（八）市外学生综合素质认定。

（九）学生综合素质评价结果申诉与处理。

（十）学生综合素质评价工作实施情况及质量监控、评估与指导。

第二章 成立综合素质评价工作机构

第四条 市、县级教育行政部门分别成立初中学生综合素质评价工作指导监督委员会，成员由教育行政部门人员、教育专家、校长、教师、家长代表和社会人士等有关方面代表组成。

第五条 县级初中学生综合素质评价工作指导监督委员会职责：组织专家对初中学校的综合素质评价方案进行论证、审批，加强对初中学校综合素质评价工作的过程性监督，对县级教育行政部门接受的各类质询、申诉事项进行仲裁等。

第六条 初中学校成立学校综合素质评价工作委员会，成员由校长、中层干部、班主任、教师、学生、家委会成员和社会人士等组成，人数不少于13人；其中家长、社会人士代表人数不少于3人。

第七条 学校综合素质评价工作委员会职责：审议通过学校综合素质评价方案，组织实施学校综合素质评价工作，指导班级开展综合素质评价工作，对班级综合素质评价结果进行公示、认定，解决评价工作中出现的问题等。

第八条 初中学校各班级成立班级综合素质评价工作小组,成员由班主任、任课教师、学生和家长代表组成,人数不少于9人,其中家长代表不少于2人。

第九条 班级综合素质评价工作小组职责:对本班学生进行培训,建立学生综合素质评价档案,指导学生做好成长记录,组织开展班级综合素质评价工作,对有关评价数据进行汇总整理,组织学生开展标志性成果的展示、交流及认定,解答学生与家长的咨询等。

第三章 学生综合素质评价方案的制定与修订

第十条 初中学校综合素质评价工作委员会根据上级教育行政部门规定和要求,结合学校实际,在广泛征求教师、家长、学生意见的基础上制定学生综合素质评价方案。

第十一条 学生综合素质评价方案应包括以下内容:

(一)指导思想。

(二)学校综合素质评价委员会成员构成。

(三)评价内容、时间及评价方式。

(四)日常评价、学期评价、毕业评价的结果呈现方式及各等级比例。

(五)操作流程。

(六)底线管理办法。

(七)残疾学生及转学、休复学等特殊情况学生综合素质认定办法。

(八)相关附件。

(九)其他。

第十二条 评价方案保持相对稳定,初中学生在校三年期间,不作对评价结果有较大影响的调整;确需调整的,已评价的结果继续有效。

第十三条 在实施过程中,因上级教育行政部门要求、教育发展、学生成长和学校实际变化等,确需对评价方案进行修订、调整的,要广泛征求教师、

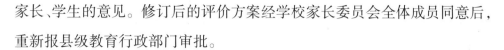

家长、学生的意见。修订后的评价方案经学校家长委员会全体成员同意后，重新报县级教育行政部门审批。

第十四条 学生综合素质评价方案以学校正式文件印发后实施。

第四章 学生综合素质评价方案论证、审批

第十五条 县级综合素质评价工作指导监督委员会组织对各初中学校的综合素质评价方案进行论证、审批。

第十六条 评价方案通过审批后，由县级教育行政部门备案。

第十七条 初中学校及时将审批通过后的评价方案通过学校网站进行公示，并上传到"潍坊市中小学公共信息平台"。

第五章 学生综合素质评价方案、政策宣讲

第十八条 初中学校将学生综合素质评价方案作为初一新生的入校课程内容，使学生从初一入学时就明确综合素质评价的内容和要求。

第十九条 初一入学时，初中学校通过开学第一课、家长会、给家长的一封信等多种方式，向学生家长宣传学生综合素质评价方案及其结果的使用，确保家长知晓率为100%。学生家长知晓后在确认单上签字确认，确认单一式两份，其中一份由初中学校留存至学生毕业。评价方案进行修订、调整的，初中学校及时告知所有学生家长，并再次履行签字确认手续。

第六章 学生综合素质评价工作的实施

第二十条 县级教育行政部门指定专人负责综合素质评价工作，负责本区域内初中学校学生综合素质评价的日常管理工作。

第二十一条 初中学校校长是本校综合素质评价工作的第一责任人，明确一名校级领导负责全校学生综合素质评价工作，指定具体负责处室和人员。负责人员保持相对稳定，因故确需更换的，学校组织切实做好工作交接和衔接及新任人员的培训工作。

第二十二条 学校综合素质评价工作委员会严格规范参与评价教师的行为,严禁徇私舞弊。

第二十三条 初中学校建立以下工作制度,并在实施过程中不断完善:

(一)评价方案修订和审批制度。

(二)评价结果公示和备案制度。

(三)举报和申诉、研究处理制度。

(四)诚信制度和违纪处理办法。

第七章 学生综合素质评价结果等级比例及奖励指标分配

第二十四条 日常评价结果的呈现方式由初中学校结合实际自行确定。对可以量化的评价内容可采用定量评价的方法,对采用定量评价方法比较困难的评价内容可采用写实性描述、定性评价。学期评价和毕业评价的结果,均采用A、B、C、D等级形式呈现。初中学校的毕业评价结果,A等不超过本校毕业生数的30%,B等为50%,D等严格控制。

第二十五条 对办学行为规范、教书育人质量高的学校,可奖励一定比例的A等指标。

第二十六条 奖励指标从严控制,每处学校不超过毕业生总数的3%,奖励部分从B等级中扣除。

第二十七条 县级教育行政部门征求公办普通高中对招生服务区内初中学校A等奖励指标分配的意见。高中学校综合考虑各初中学校升入本校学生的综合素质发展情况,对有关初中学校奖励情况进行评价。对拟奖励情况有异议的,出具书面意见及理由报送上级教育行政部门,作为分配、调整奖励指标的重要参考依据。

第二十八条 每年初中学校开展毕业评价前,县级教育行政部门按要求将奖励指标分配到初中学校。

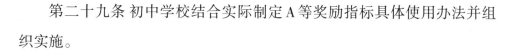

第二十九条 初中学校结合实际制定 A 等奖励指标具体使用办法并组织实施。

第八章 学生综合素质评价结果公示、审核、备案

第三十条 每学期初,初中学校将学校综合素质评价工作委员会、班级综合素质评价工作小组人员构成及其职责、综合素质评价方案等内容在校内向学生、家长、教师公示。

第三十一条 每学期综合素质评价工作结束后,初中学校在班内、校园内醒目位置以及学校网站公示学生学期评价等级,公示时间不少于5个工作日。

第三十二条 公示无误后,由学生和父母(或其他法定监护人)签字,一式三份,一份由学生、家长自行留存,一份由学校留存备案,一份报教育行政部门备案。签字确认后,初中学校将评价结果上传到"潍坊市中小学公共信息平台"公示。同时,将各维度评价情况以适当形式告知学生本人和家长。

第三十三条 学生毕业时初中学校公示毕业评价等级成绩,同时公示各学期评价成绩及所占比例。毕业评价结果按规定公示无异议后,打印《初中学生综合素质评价结果确认单》,由学生本人及其父母(或其他法定监护人)分别签字。以班级、学校为单位汇总、审核无误后,分别填写《班级综合素质评价确认单》《初中学校综合素质评价确认单》,由班主任、班级综合素质评价工作小组、学校综合素质评价工作委员会全体成员、分管校长、校长等审核后签字并加盖学校公章,报送县级教育行政部门。《初中学生综合素质评价结果确认单》由学生、学校各留存一份。学校留存的一份,作为学校档案资料进行管理,至少留存三年。

第三十四条 每学期结束前,县级教育行政部门对初中学校报送的综合素质评价结果进行审核、备案。审核要点:

（一）上报人数。

（二）学生、家长签字情况。

（三）各等级比例（含奖励指标）。

（四）学期评价结果与毕业评价结果相关性。

（五）毕业时上报的各学期评价结果与各学期上报备案结果的一致性。

（六）上报的纸质材料与网上公示情况一致性。

（七）学籍号、姓名与学籍系统信息一致性。

（八）其他应审核的内容。

第三十五条 县级教育行政部门对学生毕业评价结果审核无误后，由分管领导、承办科室主要负责人分别签字并留存至少一年。各区同时报市级教育行政部门备案。

第三十六条 学生学籍变动时，成长档案随学籍档案一起转移，学期评价结果由原学校、县级教育行政部门出具证明。

第九章 市外学生综合素质认定

第三十七条 学籍在潍坊市以外的应届初中毕业生，因户籍在我市，或外来务工经商人员随迁子女经批准在我市参加初中学业水平考试并升学的，其综合素质等级由升学所在县市区县级综合素质评价工作指导监督委员会组织认定，具体认定办法由县级学生综合素质评价工作监督指导委员会结合实际制定。认定结果经公示无异议后，作为高中学校录取依据之一。

第十章 学生综合素质评价结果申诉与处理

第三十八条 学生、家长、教师和其他社会人士对于学校综合素质评价过程中可能影响评价结果公平、公正的现象和行为，或者对评价结果存有异议，可向学校综合素质评价工作委员会举报或申诉；如果对办理结果不满意，可向县级综合素质评价工作指导监督委员会举报或申诉。

第三十九条　县市区和学校详细记录各项举报、申诉,组织进行研究处理,并将办理情况及时反馈给举报人或申诉人。研究处理后结果有变化的,将变化情况重新按要求公示。

第十一章 学生综合素质评价工作实施情况及质量监控、评估与指导

第四十条　县级教育行政部门每学年初与辖区内初中学校逐一签订责任书,明确目标责任,针对可能出现的问题,对评价工作提出具体要求。

第四十一条　县级综合素质评价工作指导监督委员会每学期定期或随机对初中学校学生综合素质评价工作进行指导督查,共同研究初中学生综合素质评价内容、手段、方法和要求,指导初中学校科学合理地实施学生综合素质评价。主要督查评价方案、学生成长档案、日常评价、期末评价、公示等落实情况。

第四十二条　县级综合素质评价工作指导监督委员会每学年对初中学校综合素质评价工作进行监控和评估,评估结果纳入教育综合督导评估。

第四十三条　初中学校综合素质评价工作委员会对各班级综合素质评价工作情况进行监控和评估,充分了解各班级综合素质评价工作的有关信息,及时发现班级评价工作中存在的问题并提出改进建议。

第四十四条　建立定期培训、交流制度。县级教育行政部门每学年至少对辖区内初中学校学生综合素质评价管理人员进行一次培训或组织交流。市级教育行政部门定期组织全市综合素质评价工作培训、交流。

第四十五条　市级教育行政部门对县市区综合素质评价工作进行督导评估,结果纳入对县市区的教育综合督导评估之中。

第十二章 违纪处理

第四十六条　县级教育行政部门、初中学校为参与综合素质评价者(单位)建立信用记录,与相关人员分别签订诚信承诺责任书。信用不良人员不能作为学校综合素质评价工作委员会或班级综合素质评价工作小组成员。

第四十七条 因重视程度不够、操作不规范、结果使用不正确等导致失误的,在教育督导评估中加大扣分力度,按规定追究有关人员的责任。

第四十八条 对学生综合素质评价中存在违反程序、违规操作、弄虚作假等行为的学校,由县级教育行政部门责令改正,视情节给予通报批评、撤销教育类荣誉称号等行政处理。对直接负责的主管人员和其他直接责任人员,按照《事业单位领导人员管理暂行规定》《事业单位人事管理条例》《事业单位工作人员处分暂行规定》《山东省对违规从事普通中小学办学行为责任追究办法》以及校长职级制、师德考核等有关规定,视情节给予调离工作岗位以及警告、记过、降低岗位等级、撤职、开除等处分;是中共党员的,按照《中国共产党纪律处分条例》有关规定给予相应党纪处分;触犯法律的,移送司法机关处理。

第十三章 附则

第四十九条 县级教育行政部门、初中学校在此基础上,结合各自实际,制定本县市区、学校学生综合素质评价工作规程。

第五十条 本规程自2016年1月1日起实施,此前与本规程规定不一致的,按本规程执行。

四、泸州市初中生综合素质监测方案(试行)

为了全面衡量综合评价初中毕业学生的综合素质,根据《国务院关于深化考试招生制度改革的实施意见》的要求及《教育部关于进一步推进高中阶段学校考试招生制度改革的指导意见》(教基二[2016]4号)制定本实施方案。

（一）指导思想

根据《国务院关于深化考试招生制度改革的实施意见》《教育部关于全面深化课程改革落实立德树人根本任务的意见》《教育部关于加强和改进普通高中学生综合素质评价的意见》的指导思想,并结合泸州市实际情况,把学生平时表现与综合素质评价的定性考核联系起来,建立健全学生成长档案,结合学校日常管理,坚持内容全面、评价主体多元、过程性评价与终结性评价相结合的原则,促进学生全面个性发展。

（二）基本原则

方向性原则。引导学生践行社会主义核心价值观,热爱中国共产党,弘扬中华民族传统美德。

指导性原则。把握学生的个性特点,关注成长过程,激发每一个学生的潜能优势,鼓励学生不断进步。

客观性原则。如实记录学生在成长过程中的突出表现,真实反映学生的发展状况,以事实为依据进行评价。

公正性原则。严格规范评价程序,强化有效监督,确保评价过程公开透明。

（三）评价内容

初中生综合素质评价主要包含品德发展、身心健康、学业发展、个性特长、实践创新五项内容。各项内容着重从认知、情感态度及行为表现三个层面上考察,核心围绕日常生活、学习与实践进行客观评价和材料收集。

品德发展。主要考查学生在热爱祖国、人生规划、价值认同、崇尚文明、诚实守信、节约环保、遵纪守法、民主平等、孝敬感恩、公平正义、自立自强等方面的典型表现、事迹和荣誉。

身心健康。主要考查学生的身体形态机能、锻炼习惯、情绪调节、行为控制、自我认识、人际沟通、生活习惯、自理能力等。重点反映国家学生体质健康测试等级、视力状况、参加体育运动的效果、情绪和行为调控、团队合作、安全防护、健康生活方式等。

学业发展。主要考查学生学习习惯、学习方法、学习技能、作业质量、学业成绩,重点反映学科达到课程标准要求的情况、学习习惯及自学能力。

个性特长。主要考查学生的审美情趣、艺术修养、兴趣爱好、参加社团情况、优势学科、特长表现。重点记录学生参加的社团、优势学科、掌握的体育艺术项目和其他特长项目。

实践创新。主要考查学生在学科学习、综合实践活动和社会生活中的动手操作、体验经历、创新表现等情况。重点是学生参加实践活动的次数、持续时间、形成的作品、调查报告等。

(四)评价方法

学生的综合素质每学期评价一次,学期末按照学生的综合得分进行等级划定;评价结果分优秀、良好、合格、待改进四个等级。评价结果在校内进行公示,初三毕业生最后一次的评价结果是初中三年过程性评价的积累。具体做法是:建立初中学生综合素质评价信息采集及管理工具,以普通初中学校为记录主体,采用客观数据导入、初中学校教师和学生统一录入相结合的方式,提交评价内容实证材料,客观记录学生的学习成长经历。

写实记录。学生要根据初中学生综合素质评价参考标准的要求客观收集评价内容的写实记录,教师也要指导学生在学习过程中客观发现并记录能反映综合素质主要内容的具体活动、典型事迹、取得的成果和获得的校级及以上的荣誉,每学期在统一的初中学生综合素质评价写实记录手册上及时、真实地填写记录单。

评价评语。初中学生每学期按评价内容和评价标准进行自我主观评价，根据自身表现诚实客观地记录下总结评语，并通过可定性的数值编码工具进行自我评定，此外班级内同学及教师也需要对每位同学进行客观严谨的综合评定和评语总结。

评价方法与评价内容对应关系

评价内容	记录方法	记录内容	记录人
思想品德	自我评价	描述自我诚信、感恩、行为习惯等方面的总结。	学生本人
	自我评定	综合自我诚信、感恩、行为习惯等表现的自我评定。	
	小组评价	学生以小组形式共议讨论小组成员的写实记录内容，并对组员进行评论总结。	班级同学
	小组评定	学生小组对成员的总结性评定。	
	教师评价	教师对学生表现和写实记录的评论总结。	班主任
	教师评定	教师对学生表现的综合评定。	
	写实记录	典型案例，记录能表现出学生自我品德素养方面的典型事例。	学生本人
		德育部门对学生表现评定。	德育部门
身心健康	自我评价	描述自我情绪与调节能力、人际沟通情况、自我保护能力的总结。	学生本人
	自我评定	综合自我情绪与调节能力、人际沟通情况、自我保护能力的表现，给出自我评定。	
	小组评价	小组成员讨论的写实记录内容，并对组员进行评论总结。	班级同学
	小组评定	学生小组对成员的总结性评定。	
	教师评价	教师对学生表现和写实记录的评论总结。	班主任
	教师评定	教师对学生表现的综合评定。	
	写实记录	《国家学生体质健康标准》测试结果。	体育教师

（续表）

评价内容	记录方法	记录内容	记录人
学业发展	自我评价	描述自我学习方法、学习策略、学习习惯等方面的总结。	学生本人
	自我评定	综合自我学习方法、学习策略、学习习惯等表现的自我评定。	
	写实记录	学业能力检测记录，记录学生参加的学习策略、学习动机、学习负担等学业相关检测量表的成绩。	学科任教老师或班主任
		基础型课程成绩。	
		研究型课程成绩。	
		选修课程成绩。	
个性特长	自我评价	描述自我兴趣爱好、优势学科、个人特长等方面的总结。	学生本人
	自我评定	综合自我兴趣爱好、优势学科、个人特长的表现，给出自我评定。	
	小组评价	小组成员讨论的写实记录内容，并对组员进行评论总结。	班级同学
	小组评定	学生小组对成员的总结性评定。	
	教师评价	教师对学生表现和写实记录的评论总结。	班主任
	教师评定	教师对学生表现的综合评定。	
	写实记录	艺术活动参与记录。	学生本人
		艺术特长记录。	艺术课教师
		体育竞赛参与记录。	学生本人
		运动特长记录。	体育老师
		团体活动参与记录。	学生本人

(续表)

评价内容	记录方法	记录内容	记录人
实践创新	自我评价	描述自我参加实践活动的表现、参与情况、体会与收获成果等方面的总结。	学生本人
	自我评定	综合自我参加实践活动的表现、参与情况、体会与收获成果的表现,给出自我评定。	
	小组评价	小组成员讨论的写实记录内容,并对组员进行评论总结。	班级同学
	小组评定	学生小组对成员的总结性评定。	
	教师评价	教师对学生表现和写实记录的评论总结。	班主任
	教师评定	教师对学生表现的综合评定。	
	写实记录	公益活动参与记录。	学生本人
		志愿服务参与记录。	
		军事训练参与记录。	班主任
		党团活动参与记录。	
		社会实践活动参与记录。	学生本人
		个人荣誉参与记录。	
		研究性学习报告参与记录。	

量化统计。学生综合素质量化得分由写实记录量化得分加上综合评议量化得分构成。

写实记录的量化得分由日常行为记录得分和学业成绩得分按比例加权计算总分(日常行为记录60%,学业成绩40%)。写实记录基础分100分,在此基础上根据学生的日常表现进行加分、扣分,根据加分、扣分后的分值累计结果。综合评议的量化得分将学生、小组、教师的评议结果按30%、30%、40%的比例加权计算总分,学生综合素质评价的最终得分采用写实记录作为总分,综合评议得分作为评价学生综合素质的参考分数,不计入最终得分内。等级评定量化规则:该项基本分为100分,评价分为自我评定(30分)、小组评定(40分)和教师评定(40分)三部分,每项评定均设A、B、C三个等级,并相应赋分值依次为50、45、40分(如小组评价为A等,得50分,以此类推)。

(五)评价流程

初三学生综合素质评价实施流程

实施计划 与步骤	工作任务	任务输出
建立综合 素质评价 方案	1.组织专家与领导,共同制定初三学生的综合素质评价指标框架体系。 2.基于评价框架体系,明确学生写实记录的填写要求。 3.基于评价框架体系,明确学生自评、小组评价、教师评价的评价内容及评价标准。 4.专家与领导共同商议学生综评内容的评分标准和计分规则。 5.明确学生档案袋设计。 6.明确综评实施流程、角色分工、时间节点。 7.向家长、学生、教师等宣传综评的意义及实施规范。	1.初中生综合素质评价实施方案。 2.初中生综合素质评价工作指南。
基础数据 采集	1.学校管理员。 2.学校信息管理:采集并完善学校基本资料。 3.年级班级管理:建立学校年级班级框架结构。 4.教师管理:教师信息导入、资料编辑、班主任设置、账号设置等。 5.学生管理:学生信息按学年、班级导入、资料编辑、账号设置等。 6.科目管理:建立每学年各年级的科目列表及设置考试得分类型。 7.家长信息导入:绑定到学生账号的家长信息导入、编辑以及账号设置等。	1.导入学校基础信息。 2.导入学生、教师、家长基础信息。 3.建立教务有关基础信息。
启动综评 实施	1.区域教育管理机构。 2.发布通告到学校,通知教师、学生及领导开始综评活动。 3.查看学生成长档案统计及发展进度。	1.发布通知。 2.查看报告。

(续表)

实施计划 与步骤	工作任务	任务输出
学生评价 及上传写 实记录	学生： 1.查看到学期评价通知后，学生即可对自己开展每学期的自我评价。 2.学生日常按照格式要求上传写实记录和相应的证据文件。 3.提交评价和写实记录交给班主任审核。 4.查看审核结果并修订内容，重新提交。	1.学生登记"品德发展""情绪与行为控制力""人际沟通情况""自我保护能力""学业发展""兴趣爱好""优势学科""其他特长"和"实践创新"等方面的典型表现、事迹和校级及以上荣誉。 2.学生在"反思改进"栏登记自己的行为习惯、生活方式和学习方法等方面的不足。 3.学生在"学生意见"栏对是否同意教师评价和学校意见进行表态。
教师评价、写实记录审核以及查看结果、统计。	班主任、任课教师： 1.查看到评价通知后，教师即可对班内学生开展每学期的学生评价。 2.日常可对学生课堂表现进行评价。 3.查看学生提交的写实记录并进行审核处理。 4.查看班级学生的自我评价、小组评价结果。 5.查看学生档案。	1."国家学生体质健康测试等级""学期视力状况""掌握的体育技能"由体育教师登记。 2."具有的艺术特长"由艺术课教师登记。 3."担任职务与履职""教师期望"由班主任登记，并撰写指导意见。 4."优势学科"由任教学科教师填写意见(同意/基本同意/不同意)并签字确认。 5.学校德育部门登记"违规违纪记录"。
同学互评	学生： 1.查看班级内同学的档案记录，并进行小组交流讨论。 2.小组内讨论后进行小组内成员的相互评价。 3.可对班内同学的记录发表意见评论、提出质疑和发展期望。	完成每个学生的同伴评价。

(续表)

实施计划 与步骤	工作任务	任务输出
整理遴选	学生: 学生在教师、班主任帮助下对审核通过的写实记录进行遴选,挑选有代表意义的内容加入到个人成长档案。 教师: 1.可以查看到学生档案信息。 2.可对档案信息再次审核处理。 家长: 1.可查看到学生档案信息。 2.可对教师进行互通留言,一起沟通学生的发展状况和档案信息。	完成信息遴选并提交到个人档案。
公示审核	学生: (接收到公式通告后,即可在线查看到个人档案信息。) 1.学生审核自己的档案信息,如有问题发起申诉,要求更正。 2.对于审批同意申诉的档案信息,可即时查看到处理状态和处理结果。 3.审核修订的内容并确认完成。 4.对于班级内其他同学的档案信息发现问题可以发起提问。 教师、班主任、督查组: 1.查看班级内学生的成长档案,并确认信息准确与否,有错误及时修订。 2.接收学生发起的申诉要求,并查看申诉内容和理由,审批是否受理。 3.受理申诉请求后,就及时处理内容修订并反馈给学生进行核查。 4.查看公示处理进度并及时通知学生提交并验证档案信息。	1.确认成长档案信息无误。 2.每学期整理出最终确认的学生成长档案。

(续表)

实施计划与步骤	工作任务	任务输出
档案归档	学生： 1.公示期过后会生成学生每学期的成长档案(每学期累加记录)。 2.学生可查看并下载完整的学生档案。 3.可以实时查看到自我综合素质发展水平的分析报告。 教师： 1.查看学生档案信息。 2.查看学生个体的综合素质分析报告、学业水平分析报告等。 领导： 1.查看学生档案信息。 2.查看学校、区域的学生综合素质分析报告、学业水平报告等。 高中： 1.按关键字、评价指标、评价结果等快速查找到目标学生并查看学生档案信息。 2.可以查看到学生的个人综合素质报告和学业水平报告。 家长： 1.可查看到学生档案信息和学生分析报告。 2.可对教师进行互通留言,共同了解并沟通学生的发展状况。	1.生成学生档案并可支持下载。 2.根据学生档案生成分析报告。

(六)评价报告

基于学生评价和写实记录,既要有实时的学生分析报告也有按期统计的汇总分析报告,可面向学生、班主任、教师、学校领导、区域领导、家长等用户了解学生综合素质的发展状况以及反映区域的学生发展水平的差异,帮助家长、学校、学生能快速地了解自己并共同提升学生的综合素质发展。根据学生综合素质得分水平,汇总形成班级、校级、区级、市级的学生综合素质水平报告,并以图表等形式展现学生整体的发展水平状况和各区域之间的水平比较分析,为教师、教研员、校长、家长、区域领导提供不同层级的学生综合素质发展水平报告,为指导学生素质培养和发展提供可靠依据。

第三章 优化中小学生综合素质评价策略

明确了学生综合素质评价的功能与作用,构建好评价的标准体系后,我们便可以着手开展学生综合素质的评价活动。毫无疑问,中小学生综合素质评价的组织与实施是整个中小学生评价活动的核心环节,它关系到评价标准体系的理想设计能否真正推动中小学全面贯彻党的教育方针、全面实施素质教育、落实立德树人的根本任务;能否以实现学生的自我认识、自我教育为目标,较为全面地反映学生发展状况,从而促进学生全面、可持续的发展,促进学校、教师转变教育行为和方式,同时,引导家长和社会逐步形成科学的学生成长发展观。

第一节 健全机制

综合素质评价是全面实施素质教育,深化考试评价改革的重要举措。综合素质评价的实施需要健全的工作机制来提供纵深推进的保障。

一、建立机构

为了让中小学生综合素质评价改革实践能够落地生根,真正得到贯彻实施,评价者要高度重视、精心组织、顶层设计、植根基层,从市域到区域,从区域到基层,创新性地进行市级、区县、学校三级联动,整体推进机构建设。以泸州市为例,该地开展了以下工作,为综合素质评价提供组织保障。

(一)机构设置

作为一项系统工程,学生综合素质评价改革要真正落实,必须形成"自上而下"强有力的推进主线,加强对评价改革工作的统筹规划与周密部署。泸州市在市、区县、学校三级层面分别成立了综合素质评价改革工作领导组、综合素质评价改革培训指导组、综合素质评价改革项目办公室等相关机构,加强了综合素质评价工作的统筹与指导,协调了各方面专业力量,为综合素质评价的开展提供了强力的支持与帮助。

当然,"船小好调头",相对于市级层面,区县直接面对学校和教师,学校直接面对评价实施者与受评价者,对教育一线更为了解,更利于根据改革的进程灵活调整步伐。因此,在市级统一规划的基础上,各区县与学校结合自身实际,找准亮点与优势,组织适合自己的各类工作组,狠抓各项措施的落实,从而全面推进综合素质评价改革的实施。

(二)人员取量

各级工作组的建立应实行专人负责制并选取合适的人员来推动评价工作的开展。综合素质评价改革领导组以相关分管领导为组长,各相关职能部门负责人为成员;综合素质评价改革项目办公室以相关德育负责人为组长,各相关职能部门人员为成员;综合素质评价培训指导组以教研部门负责人为组长,相关专家与骨干为成员。人员的构成可根据不同层面的情况有不同的侧重点,如市级层面应侧重于评价体系的构建,区级层面应侧重于评

价队伍的建设,校级层面应侧重于评价标准的宣传等。

(三)工作职责

明确的工作职责能更加有效地推动综合素质评价工作的开展,不同的工作组对应不同的工作职责,具体分工如下:

综合素质评价改革领导组:制定和审核综合素质评价改革的规章制度,监控评定程序,接受和处理相关质询、申诉与举报,纠正评定中的错误,查处违规行为,保障评价工作公平、公开、公正。

综合素质评价改革项目办公室:制定综合素质评价实施方案,明确改革的具体任务、实施步骤和进度安排,细化评价指标、观测要点和评价标准,开发评价工具、分析评价结果、总结评价经验,建立有效工作机制,切实抓好各项工作的落实。

综合素质评价培训指导组:指导建立体现素质教育要求、以学生发展为核心、科学多元、具有特色的综合素质评价体系,指导培训评价骨干,培养并建设一支稳定可靠、专业化的综合素质评价改革实施队伍。

综合素质评价改革需要"自上而下"与"自下而上"有机结合。市级、区级、学校三级联动的机构设置,在综合素质评价的实施过程中通过组织结构的战略调整,能形成合理的教育分工体系,实现市域、区域和学校的优势互补,实现协同发展,形成合力,确保综合素质评价结果的全面性、深入性和有效性,共同为促进学生发展,提升教育质量而服务。

二、建立制度

俗话说"无规矩不成方圆",这句话说明了制度建设的重要性和必要性。制度是人们应该遵守的,用来规范行为的规则、条文,高标准高质量做好制度建设工作,是综合素质评价改革工作成功的重要保证。

2014年12月,教育部正式颁发了《关于加强和改进普通高中学生综合素质评价的意见》,这是《国务院关于深化考试招生制度改革的实施意见》的重要配套政策。而在此之前,国务院发布了高考改革方案,对于未来高考改革提出了"两依据、一参考"。这两个文件标志着"综合素质评价"作为一项教育制度在我国已经正式确立。

综合素质评价是促进学生德、智、体、美、劳全面发展、培养个性特长、扭转"唯分数论"的重要举措;是国家正式推出并且将深入推进素质教育的一项重要制度。客观地看,要从根本上落实综合素质评价改革工作,必须从制度上加以规范,形成长效机制。制度建设带有全局性、长期性和根本性,科学规范的制度设计能确保综合素质评价工作的科学测评、有效反思与行动改进,为综合素质评价的实施提供管理保障。

实施综合素质评价的制度建设主要包括公正、诚信、公示、申诉以及问责五个方面的内容。

(一)公正制度

《辞源》对于公正的解释是:"不偏私,正直",简单地说就是公平正义。综合素质评价一旦被参考,大家最担心的就是真实性和公平性。因此,评价工作必须做到公开、公正、公平、阳光、透明。程序公正的价值和重要性并不亚于实体公正。开展综合素质评价,必须不断完善操作规程,实现真正的程序公正。在学生综合素质评价过程中,首先要明确谁是评价者,坚持多元主体评价,以确保评价的真实性和全面性。其次,要不断完善评价的内容和标准,特别是细化指标要讲求科学,具有发展性。再次,要把握评定依据,加强交流与协商。例如班主任和任课教师要定期对观察到的学生日常表现及实

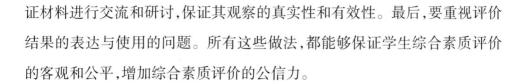

证材料进行交流和研讨,保证其观察的真实性和有效性。最后,要重视评价结果的表达与使用的问题。所有这些做法,都能够保证学生综合素质评价的客观和公平,增加综合素质评价的公信力。

(二)诚信制度

综合素质评价本身具有主观性的特点,其主要表征方式——表现性评价,更是存在开放性、生成性的特点。因此,综合素质评价的实施必须立足于诚信,杜绝弄虚作假的行为,确保记录的真实客观性。参与评价的有关人员,要讲诚信,做到实事求是,以学生的实际表现为依据,客观公正评价学生。同时要签订诚信协议,并建立诚信档案,采取有效措施,督促有关人员严格履行诚信责任和义务。诚信体系的建设需要一个过程,如果我们的机制和流程设计科学,综合素质评价体系的建立和使用本身就有利于促进社会诚信体系的发展。

(三)公示制度

综合素质评价公信力的高与低直接决定了它的顺利推行与否,而综合素质评价天然具有主观性、过程性和生成性等特殊属性。因此,建立综合素质评价的公示制度,将价值判断内容公开化、透明化十分迫切且必要,只有透明化地进行评价工作才能够取信于民。《教育部关于加强和改进普通高中学生综合素质评价的意见》明确提出,"用于招生使用的活动记录和事实材料必须在学校显著位置公示,班主任及有关教师审核并签字,学校最后审核把关。"在具体实施中,学生综合素质评价的内容、方法、程序、等级界定等应提前向社会公示,征求意见,接受社会监督,争取社会各界对改革的理解与广泛支持。学校对学生的评价结果,用于遴选和用于招生使用的活动记录和事实材料,如各种比赛、竞赛获奖情况、模块修习情况、学业水平考试成绩等信息必须及时在教室、公示栏、校园网等显著位置公示。班主任及有关教师要对公示后的材料进行审核并签字,便于学生和家长的查询、知情和监督。公布评定结果要充分考虑并消除对部分学生可能造成的消极影响,及时召开学生家长会或家长座谈会,沟通信息,化解矛盾,保持稳定。

(四)申诉制度

为确保学生综合素质评价工作过程严谨、操作规范、程序到位、结果公平公正,保护学生合法权益不受侵害,需要建立申诉制度来保障权益。各级评价领导小组要确定专人负责举报和申诉的处理工作。学生、家长、教师和其他社会人士对于评定过程中可能影响评定结果公平、公正的现象和行为,或者对评定结果存有异议,自公示之日起一周内,首先向学校评价领导组举报或申诉。领导组对反映的问题要高度重视,认真对待,及时解决,有问题的要及时纠正,无问题的要耐心解释。如果对学校评价领导组的处理不满意,上诉人有权向上一级综合素质评价领导组举报或申诉。举报和申诉可采用口头申诉或书面申诉方式,并使用实名制,本着实事求是的原则,做到证据确凿,求解有理。各级教育行政部门和学校要认真做好申诉、举报的受理工作,提高综合素质评价工作的质量和效果。

(五)问责制度

要保障综合素质评价的客观、真实,防止弄虚作假和浮夸现象,需要制度的强力规范和严惩不贷。针对教育主管部门、学校、老师、学生等事关学生综合素质评价执行的部门、个人应建立明晰的问责制度。任何人违反了法规政策或政策执行不力,都将追究相应的责任。特别是要严肃查处评价

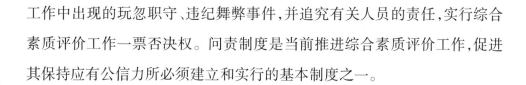

工作中出现的玩忽职守、违纪舞弊事件，并追究有关人员的责任，实行综合素质评价工作一票否决权。问责制度是当前推进综合素质评价工作，促进其保持应有公信力所必须建立和实行的基本制度之一。

三、形成机制

在若干制度构成的系统中，制度的相互作用和实际运行就构成了机制。加强制度建设应当着眼于机制的建立完善，努力实现制度在更高层面的系统整合。综合素质评价改革涉及面广、专业性强，建立健全长效机制，并不是一件轻而易举的事，而是一项难度较大的系统工程，既要因地制宜、突出特色，又要做到上下衔接、配套有序。

（一）评价机制

为了保障综合素质评价有序进行，使教师、学生、家长等评价主体认识到评价对学生发展的重要性，掌握基本的评价方法，保证评价的科学性和真实性，需要多个方面协同推进，共同支撑，建立完善的评价机制。

建立统一的评价机制。从市级到区县、区县到学校应使用统一的学生综合素质评价指标、内容、观测点以及操作流程，规范学生综合素质评价工作，充分发挥评价对学生成长的导向作用、激励作用及调控功能，客观真实地反映学生成长过程，通过科学的评价手段，促进学生主动发展，全面提高综合素质，保障素质教育顺利实施。

建立可操作的评价机制。学校综合素质评价领导组可以通过定期的全体教师会、班主任会、教研组长会、年级会、家长会、上机培训、专题指导、活动展示等各种形式，开展学习、交流和培训。教师可根据不同岗位，以案例研究、专题研究的任务驱动，如班主任主题"综合素质评价在班级管理中的应用",任课教师主题"综合素质评价在课堂教学中的实践"等,促使教师主动反思,做积累评价的有心人,从而避免了评价的盲目性,在评价工作中提高教师的职业素养、整合教育的力量——增进家校合作、营造师生间、学生间、亲子间的和谐氛围。

建立常态化的评价机制。应把综合素质评价工作纳入学校与年级日常的教育教学工作计划以保障综合素质评价的有效落实。如重点推进每月"三个一"活动:每月一次综合素质评价专题班会,各班通过班会进行小组互评,专题讨论,评价表彰等;每月一次教师综合素质评价班本研修,探讨如何培养学生思维品质,提升学生的综合素质,完成对学生的过程性评价;每月一次过程性记录整理,各班利用午间及自主学习时间整理该月纸质记录,使用电子平台的学校可集体上机操作,年级主任、班主任和信息教师协调好各班时间,解决学生没有电脑、家长不识字、不会打字等实际问题,帮助、督促学生按时完成电子平台的操作。

在学生综合素质评价工作中建立长效评价机制,应将学校德育工作和班级常规管理工作纳入其中,通过"学生自评"促进学生自我反思、促进成长,通过"同学互评"促进同学间相互学习、沟通和交流,通过"班级评价"促进师生关系和谐,教学相长。通过建立班级管理档案,为学生综合素质评价提供有力证据,促进良好班风的形成。通过对学生各个维度的客观评价,使每一位学生感受到别人对他的评价不再仅凭成绩的好坏,而是多方位多元化的评价,激励学生和谐发展、全面发展。最终通过建立综合素质评价,强化过程评价,达到关注每一个学生成长的目的,体现评价的动态变化。

（二）应用机制

"综合素质评价"听起来意义重大但过去往往不太受人重视，因为它和社会最为关注的考试——中高考之间似乎关系不太大。其结果的应用直接关系到评价工作能否得到重视，能否真正得到落实，避免流于形式。因此，建立有效的应用机制是助推综合素质评价改革实施的强大动力。

综合素质评价的结果应用主要体现在促进学生发展、改进学校工作以及协同招生制度改革三方面。建立切实有效的应用机制，能体现明显的人才培养和选拔理念的改变，衡量、选拔学生不再只看重智育因素，而是注重学生的品德、个性、素质、能力的多个维度。应用机制的建立能有效地转变传统单一的人才评价，树立符合现实时代的教育观、质量观和人才观，是学生培养及发展的风向标，符合基础教育素质培养导向。

（三）监管机制

综合素质评价监督主体中的学生、家长和教师其本身又是综合素质评价的主要评估及报告者，这就导致了评价过程中监督主体不明确问题的出现，也可能附带一系列监督错位、不到位等难题。鉴于此，应建立健全的监管机制，及时发现并有效规避在综合素质评价过程中出现的问题，为加快综合素质评价的科学化进程保驾护航。

1.明确监督主体,开展联合监管

首先，教育行政部门应发挥自身在综合素质评价监管过程中的统筹作用。运用好综合素质评价问责制度，查处在综合素质评价过程中出现的不合法行为，并对相关人员及当事人严惩不贷，还要及时透明化查处结果。最大化、最优化使用公示制度和申诉制度，以配合综合素质评价监管机制的有效开展。其次，要联合学校，把监管政策落到实处。定期检查各学校综合素质评价的实施状况,听取家长、教师的建议,结合实际情况适时调整综合素质评价实施方案,鼓励学校构建校本综合素质评价体系,以提高综合素质评价体系的恰当性。再者教师、家长与学生要组成一个合作监督团体,互相监督在综合素质评价过程中的自评、互评与他评环节。

2.落实监管内容,明确监督对象

首先,应对综合素质评价各级指标体系设置进行监管。有些省、市对综合素质评价的内容指标做了适当调整,如上海市在2014年高考招生改革方案中将中华传统文化素养加入评价内容之中,构成新的综合素质评价指标体系。在一级指标体系下设置二级和三级指标;如对学生学习能力的考查,在一级指标中它属于智育,在三级指标中被分为阅读交流表达能力和科学探究能力。因此,只有在明确综合素质评价监督对象特征的基础上,区别落实综合素质评价的指标体系,才能真正实现教育的价值。其次,对综合素质评价标准的设定和执行的监管。综合素质评价的现行省市的评价标准基本都是"A、B、C、D、E"等级制与合格制,如何确保这些标准更加"合理化",并且能够更合理化地运用是现阶段监管机制尤其应当解决的难题。再次,对综合素质评价表制定与填写的监管。综合素质评价自评表、互评表和他评表由于是自己或他人或家长填写,必须加大对评价表制定与填写的监督,才能避免综合素质评价走向"主观化""随意化"。

3.革新监管方式,建立公开机制

综合素质评价是评价主体根据评价标准,运用合适的评价方法,依照评价对象的实际表现进行价值判断的过程。因此,建立综合素质评价的监管信息公开机制,将价值判断内容公开化、透明化十分迫切且必要。首先,在制度上可参照我国《政府信息公开条例》,将综合素质评价的内容信息划分为主动公开的信息、接受申请公开的信息。政府、教育管理部门要制定好综合素质评价信息公开的策略。学校主动公开可以量化处理的诸如学业水平、兴趣特长与社会实践等方面的内容。此外，学校、教师以及学生的自评程序与内容皆需要主动公开，以使综合素质评价的过程处理与结果呈现都"一目了然"。接受申请公开的信息则包括综合素质评价在实施过程中的困难与问题和可能采取的应对措施，以供上级部门检查核实并展开辅助工作。其次，建立统一的电子信息平台。充分利用信息技术将评价材料与进程上传，使综合素质评价活动贯穿于整个教育过程中。从实施综合素质评价轴点的游离转向坐标系的整体性构建：过程性评价结合终结性评价、定量评价联合定性评价、共性评价联动个性评价，以充分体现学生间的个性差异和个性发展要求，促进学生综合素质的提升与完善。

4.制定健全章程，完善实施基础

完善的监管章程是综合素质评价有效实施的前提和基础，是避免综合素质评价联动中考和高考走向滞后、僵化品行的有效技术手段。章程应包括：首先，确定教育权力机关的法律监督地位，明确综合素质评价的指导思想。其次，具体化、规范化教育权力机关的责任和任务。这方面要具体到个人层面，做到每个监督人有事可做、有法可依、有法必依。再次，改变传统监督范式。优化监管内容，加强监管力度，增强监管效果的具体措施都应该明晰化于监管章程中。因为一种监管章程一旦形成，就意味着具有权威性和统领力量的教育价值观念、思维范式和标准的建立与形成，政府部门及教育管理部门必须给予高度重视，并增强宏观干预和调控。最后，制定完备的奖惩制度。对综合素质评价活动开展较好的地区，政府部门可进行表彰并树立为典型，同时必须严惩综合素质评价中的"知法犯法"者构成犯罪的，由司法机关依法追究刑事责任。为维护教育活动的公平与正义，避免综合素质评价发展的逻辑性失调以及考试制度改革的异化，有效制定并切实贯彻落实综合素质评价监督章程是当前综合素质评价科学联动中高考的有效支点与路径[①]。

第二节 把握关键

《国家中长期教育改革和发展规划纲要(2010—2020年)》明确提出，"把育人为本作为教育工作的根本要求"，把"育人为本"落实在教育工作中就是要以学生的发展为本，教育质量的最终体现就是学生的发展水平，促进学生的发展是一切教育工作的出发点和落脚点。学生综合素质评价是坚持以人为本，全面协调，可持续发展的新型评价体系。综合素质评价倡导重视学生评价的发展性功能，关注学生成长的过程与个体差异，重视学生的现在，更着眼于学生的未来，这追求的不是给学生下一个精确的结论，更不是给学生一个等级分数来与他人比较，而要更多体现对学生的关注与关怀。传统意义上的学生评价标准是单一的，就是"成绩和分数"，而与之相反，综合素质评价体系的实施通过多元化的评价主体、多样化的评价方式以及多阶化的评价过程等核心和关键的把握，给出了学生评价的多元标准。

一、评价主体多元

所谓评价主体，是指那些参与教育评价活动的组织与实施、按照一定标准对评价客体进行价值判断的个人或团体。不同的评价主体，由于其自身身份的不同，在评价中的任务、职责和作用就不尽相同。不同的评价主体却

---

①王润,周先进.高中生综合素质评价监督机制的构建[J].教育理论与实践,2015:26.

可以从不同的侧面为评价提供不同的信息,这有利于保证评价的整体质量,也有利于整合教育力量。为了促进评价改革,《教育部关于积极推进中小学评价与考试制度改革的通知》指出要"重视学生、教师和学校在评价过程中的作用,使评价成为教育行政部门、学校、教师、学生和家长共同参与的交互活动。"①综合素质评价不仅关注学生的学业成绩,还倡导发现和发展学生多方面的潜能,了解学生在发展中的需求,帮助学生认识自我、建立自信,发挥评价的教育功能。对成长变化发展中的学生进行综合素质评价是一件非常复杂的事,在评价过程中,评价主体的多元化可以使评价目标更加科学和全面,评价信息更加系统、可靠,更有利于从多个角度全面评价。

(一)学生、教师、家长三位一体

综合素质评价倡导多维主体间的相互沟通,而并非像传统考试制度仅仅将教师、家长与学生作为"诸多外部评价的依附者"。国外许多教育评价专家主张,评价的主体应当是多元化的,凡是与被评价对象有关系的人群都应该在评价中发挥作用(Huberman,1990;Fetterman,1994)。学生、教师、家长三位一体的共同参与,将学生从传统评价中处于被动的位置向积极主动参与评价的主体转变。学生自评、同学互评、家长参评、教师综合评定的民主、开放性的多方协商评定法,关注学生个体,尊重差异,在有效沟通和互赏互育中更深层次地理解和体验了综合素质多元评价对于学生成长的意义。

1.学生评价

学生评价包括自我评价与同学互评两方面。

自我评价。自评就是学生自己是评价主体。自我评价能让学生认识到自己的优势和不足,提高主动性和自信心,发挥评价的自我激励、自我反思、

---

①严先元.学习评价的理论、方法、技能与应用[M].天津:天津教育出版社,2015:20.

自我调控的作用。以泸州为例,学生本人在评价过程中参照综合素质评价相关标准和观测点,针对自己的实际,在"品德发展""心理健康""学业发展""兴趣爱好""其他特长"和"实践创新"等方面记录自己的典型表现、事迹和荣誉,在"反思改进"方面记录自己在行为习惯、生活方式和学习方法等方面的不足,综合评定时在"学生意见"栏对"小组评价""班级评价""教师评价"和"学校评价"是否同意进行表态。学生通过不断反思自己成长过程的每一个细节,使自己的行为得到不断完善,也为教师提供学生在学习发展过程中的重要信息,有利于教师达成对学生的准确预期,提高评价的效度。

同学互评。互评就是学生与同学之间的相互评价,同学是评价主体。学生参照综合素质评价相关标准和观测点,针对同学的实际,和同学之间相互评价,给出相应等级。互评活动的开展使每个学生通过比较,看到了自己和别人的优势与不足,既让学生学会欣赏同学,向同学学习,扬长避短,也让学生学会倾听别人的意见和建议,并对别人的意见进行分析,有选择地接受,这是培养学生协作能力和合作精神的重要途径。

2.教师评价

教师具有专业资质和长期的经验积累,可以通过学生的在校表现来获得比较全面的信息,因此是对学生进行综合评价的最具权威性的主体。在学生自评、同学互评的基础上,教师逐项对照综合素质评价体系标准给所在班级每个学生进行综合评价,给出学生应得等级。泸州市在综合等级评定之外,还有学生综合素质评价具体分类要求:"国家学生体质健康测试等级""掌握的2项体育技能"由体育教师登记;"具有的1项艺术特长"由艺术课教师登记;"担任职务和履职情况"由班主任登记;"优势学科"由任教学科教师填写意见(同意/基本同意/不同意)并签字确认。

综合素质评价为教师提供了真实、全面的信息,帮助教师掌握学生发展的状况,了解学生发展的差异,为教师开展针对性的教育和分类指导提供了可能性;同时帮助教师了解自身教育教学特点、师生关系等状况,为教师反思和改进教育教学行为提供了依据。[①]

3.家长评价

家长评价即家长参与评价。家长的参与实现了评价过程中主体间双向互动、沟通和协商。家长可以对自己的子女在学校以外的状况(比如学习兴趣、态度和习惯等)进行评价。在综合素质评价实施的整个过程中应重视收集家长的意见,让家长参与到学生的评价中来有利于让家长参与学校管理,并对家庭教育提供帮扶。学校应定期召开家长座谈会或者家访,对学生的阶段性学习和成长进行问卷调查。也可以通过"家校通"等渠道,或网上互动、短信评价,就部分有针对性的问题进行交流。一系列研究表明,学生家长参与学校的工作越多,参与程度越深,他们的孩子越能体验到被爱的喜悦,各方面表现也越来越好。出现这种效果的主要原因是,"当学生看到家长积极参与学校工作的时候,会产生一种支持感和关怀感,同时也会产生一种自豪感,感觉父母真正了解学校的情况和要求,也真正在关心自己的成长,便由此产生努力的热情和动力。"[②]

不同的评价项目,评价主体应该有所不同:知识领域的评价主要由教师和学生本人完成;道德、情感与态度、学习方式等则应由学生本人、同学、家长和教师共同给予评价,从而提高评价的效度,使评价真正成为教师、家长、学生共同参与的交互活动。综合素质评价中多元化的评价主体参与可以让学生及时反思,全面认识自我,对自己作出正确评价,从而激发优势的发挥,增强克服困难的勇气。通过与其他同学的对比和其他同学与老师对其本人

---

①马海燕,边玉芳.发展性评价的上城实践[M].杭州:浙江教育出版社,2014:62.
②蔡敏.当代学生课业评价[M].上海:上海教育出版社,2006:36-37.

的评价,可以让学生认识到别人的长处,从而借鉴学习。

需要注意的是,在综合素质评价中教师、家长和学生三个方面各有优势和不足,评价的客观性和公正性值得特别关注。首先,教师或者教师小组的评价可能存在一些问题,例如有的教师同时任教多个班级,尽管教师工作认真负责,但对学生的了解却很有限,要一个任课老师去回忆几个班甚至一个年级学生的情况,有时很难做到全面、公正。因而有的教师往往较多地依据与学生的亲疏关系、对学生的喜爱程度等印象和学科测验成绩进行评价。同时教师在评价过程中应避免教师单方向地传达信息,要让综合素质评价成为沟通师生和家长,挖掘学生个性特长,发挥学生潜力,有效促进学生全面发展的平台。其次,家长最了解学生的成长过程,不过学生成长到一定阶段,家长又会成为学生在某些方面回避的对象,对学生的了解同样会存在较片面的情况。此外,由于利害关系的影响,在涉及毕业与升学大事的初高中学生毕业综合素质评价中,往往注重成绩和等级,可能会出现自我拔高等诚信问题。再者,同学与同学相互之间最容易沟通、理解。但是,他们本身还是成长中的个体,在评价过程中也容易感情用事,不够客观公正。学生自评会出现给自己"贴金"的现象,学生互评也会因为学生之间人际关系的亲疏程度不同而出现不客观的情况。有时同学之间互不服气,评价成了"挑错"和"指责"。因此,学生综合素质评价如果成为高考、中考这类与重大利益相关考试的构成部分,协同中高考考试制度改革,要提高评价结果的可信度,评价主体的资格就必须慎重考虑,评价主体应负的责任也必须明确。[①]

(二)个体、小组、班级三层推进

综合素质评价的实施需要多把尺子来衡量学生综合素质的改变。个

---

① 刘五驹.实用教育评价理论与技术[M].苏州:苏州大学出版社,2008:222.

体、小组、班级的三层推进,将衡量的尺子放在不同的角度去度量,从而得到更全面、准确的评价信息,提高了综合素质评价的信度与效度。

1.个体评价

个体评价包括学生自我报告和同学互评。由于个体、小组、班级的三层推进过程中实施了小组评价,某两位同学之间不再进行单独的互评,因此这里的个体评价侧重指学生的自我报告。学生在学习了解综合素质评价体系相关指标、观测点和要求后,结合自身的平时表现和成长记录,客观评价自己的综合素质,可自我量化,自我表述。个体评价重在每一环节和每个阶段的经常性反思,重视点滴进步和成长过程的不断积累。有利于学生认识自身潜能与特长,体验进步与成长的快乐,增强自信、树立自尊;发现存在的问题认识存在的不足,寻求解决方法和途径;确立新的发展方向,主动追求发展目标。因此个体评价可在平时多次进行,学期末纳入学期考核。个体评价根据时机的不同可采用多样的形式,如每周或每月口头评价表述,每学期末或学年末班级展示、书面报告等。不同的学校可以根据自己的情况,在教育部综合素质评价的指标框架下细化成适合自己的观测点,进行有自身特色的综合素质评价实施活动。如有的学校将每天放学前10分钟安排为学生自行组织的“每日自问”时间,设置了“我遵守校纪班规了吗?”“我参与展示了吗?”“我锻炼身体了吗?”“我保持卫生了吗?”“我进步了吗?”等这样的十个问题,将综合素质评价与日常管理工作相结合,从日常规范促进学生自我成长。

2.小组评价

小组评价即在小组内同学互评,教师将班上学生科学地分成若干小组,再进行相互评价。小组评价是综合素质评价的核心之一。每个小组的人数可以根据班级情况分成4—8人一组,每组都有相应的小组长负责组内同学情况的记载、收集和统计。互评的内容范围也是非常广泛的,如日常行为表现、团结合作精神、创新能力大小、学习进步程度等。

【示例】泸州市将综合素质评价与课堂教学结构改革相结合,各个学校有自己特色的课堂评价本,设立学习组长和行政组长,分别对学生每天、一周、一月、一学期来的学业情况和非学业情况在校表现进行记录。以4人小组为例,组内的其3名同学根据平时表现和数据记录完成对该同学的评价,如果组内有2名同学在同一维度上给出的评价都是A等,那么该生互评这个维度即是A等(采用就高不就低的原则)。

实施小组内学生互相评价,重在让学生学会相互学习,相互激励,相互促进,重视相互交流,扩大自我发展信息渠道;学会分析同学的发展潜力,分享成功的喜悦;学会找出在成长过程中存在的问题与不足,确立新的发展目标。学生和同伴之间相互评价,既促进了小组合作学习,又使每个学生通过比较,看到自己和别人的优势与不足。在评价中将学生个人表现与小组成就联系起来,使评价起到培养学生集体观念、合作意识的作用。

小组评价结果可在每学期末归入档案和末纳入学期考核中。当然,为避免"面子"问题,小组内同学相互评价可不当面评价,最好依靠电子平台,一学期进行2—3次评价,班级网络平台由班主任控制,胡乱写的评价做无效处理,这样为评价结果的客观公正提供保障。

3.班级评价

班级评价是指由班主任组织本班科任老师依据综合素质评价标准、根据本班学生的特点制定具有本班特色的具体操作办法,实施本班学生综合素质评价评定工作,并最终将评价结果汇总到学校学生综合素质评价的统一部署和要求当中。班主任以及科任教师可根据学生日常表现、平时评价记录和"成长档案袋"中的材料,参考学生自我评价结果、互评结果、家长和其他相关人员提供的信息对学生在发展过程中的目标实现程度进行综合评价(采用就高不就低的原则),用发展的眼光就学生在学习活动中的典型事例、突出表现和显著进步给予激励性评价,并将评价结果在班级进行公示。当然,同一个班级的老师可以在通过一段时间评价的尝试后,不断地对评价的有效性进行反思,完善评价方案,提高评价质量。

在个体、小组、班级三层推进中,评价等级进行分项总评:根据个体、小组和班级评价等级的结果,按照一定的比例得出各个维度总评结果,又根据各个维度总评结果得出学生综合素质评价的最终结果。

二、评价形式多样

"多元智能理论"的创始人、美国哈佛大学教育研究所发展心理学教授霍华德·加德纳认为,我们应该用新的价值标准来衡量和教育以后的学生。综合素质评价从六个维度对学生进行评价,那么怎样才能真正体现评价彻底打破以往以学业成绩为唯一尺度评价学生的局面,真正从人的角度或者从鲜活生命的角度来看待与培养学生,着眼未来,为学生终身发展奠基呢?评价者要将评价活动与六个维度评价对接,让活动作为评价的依据之一,就必须有多样化的评价形式。让每个学生在活动中的表现为综合素质评价提供丰富的材料,学生就不再是抽象的、生硬的、死板的、空洞的,而是具体的,鲜活的,生动的,实在的。

(一)基于不同载体的评价

综合素质评价需要不同的载体来记录学生成长与发展过程中的亮点,为综合素质评价提供资料依据。纸质记录、网络登记与展示交流是实施综合素质评价常用的三大载体。

1.纸质记录

在综合素质评价实施中,纸质记录被广泛应用,主要包括成长档案袋、综合素质报告册以及各种纸质评价表等。作为质性评价的有效方式和一种过程性评价,纸质记录必须高度关注学生发展的全过程,把评价贯穿于学生日常交往与学习活动中,并及时、真实地记录典型案例。也就是说,评价记录的内容应该是动态形成的。

以成长档案袋为例,美国斯蒂金斯说他所见到过的对档案袋评价所下的最好定义是:一份学校档案袋就是"一个学生作业和表现的专业收容库,可以告诉你关于这个学生的努力、进步或学业成绩的经历",它涉及一个或者更多的学科领域。纸质的档案袋评价应该是系统地收集学生信息并持续一段时间,针对特定评价目的的材料,为评价者依据评价标准对学生努力、进步和成果表现进行评价提供依据。档案袋的具体内容应该让学生参与选择,根据既定的评价标准来选择使用的资料,让学生在这个过程中进行定期思考。

【示例】某小学同学设计的成果性档案袋内容目录[①]

学习类			课外类		
语文	1	五六年级优秀考卷(6张)	美工	1	手抄报(1张)
	2	优秀摘抄(1本)		2	优秀绘画作品(1张)
	3	优秀作文、日记(8篇)		3	优秀卡通人物画(1本)
英语	1	优秀听写本(1本)	手工	1	沙画(2张)
	2	优秀作业本(1本)		2	糖果纸小人衣服(1件)
	3	获奖卡(若干)、英语自我介绍(1份)	照片		表弟(2张)、同学(1张)、全体老师(1张)
数学	1	优秀作业本(1本)	奖状	1	稿件录用通知书(1张)
	2	满意卷子(2张)		2	英语考级证书、考核优秀奖等
	3	获奖卡(若干)		3	"奥数"优秀奖及阅读优秀奖
			资料收集	1	文言收集(1本)
				2	名言收集(1本)

---

①李雁冰.质性课程评价:从理论到实践[J].上海教育,2001:13.

需要注意的是,纸质记录需要筛选、评定和保存,评价工作任务重,难免会造成评价和教与学的冲突,评价主体被动应付,综合评价在一定程度上就会流于形式。由于纸质记录本身无法有效区分哪些材料是原始形成的,哪些是后来补充的,如果缺少必要的约束机制,过程性记录就变成了每学期末、毕业时的突击补救。此外,综合素质评价如果成为既与学校利益挂钩又与升学选拔挂钩的高利害评价,尽管有公正、诚信、公示、申诉与问责等制度保障评价过程和结果的真实性,但涉及了学校利益和学生前途,即使主观不情愿、客观条件不充分,也会出现为了保证评价结果的完美而导致的一些造假行为的产生,评价的信度也会大打折扣。

2.网络登记

网络登记是将学生综合素质评价相关信息录入网络,形成电子文档的评价形式。纸质记录在一定程度上面临信息难以有效处理、评价资料难以保管等问题。在有条件的情况下,评价者可以根据各地的实际情况建立电子成长记录平台或综合素质评价分类文件夹,以明确评价主体责任,有效展开评价过程,方便应用评价结果,有效提升评价价值。如北京、重庆等地已建成学生综合素质系统,泸州市在毕业生综合素质评价中尝试电子交互平台方式,借助计算机和网络,为多主体开展评价创造了条件。当然,各学校可以建设电子记录平台,各班级还可以按照评价主体分类建立文件夹,对已记录的过程性资料综合分析从而得出相应的评价结论。相对于纸质记录来说,学生过程性的成长、发展情况采用网络登记等电子记录方式能让学生综合素质信息更为客观真实,也更有利于数据的统计与分析。

3.交流展示

交流展示是综合素质评价中必要的环节。这里的交流展示包含两方面的内涵,一是学生自身素质与特长的交流与展示;二是综合素质评定结果的交流与展示。前者尤为重要。我们往往会看到这样的现象,在学校举办的课外活动中,学习成绩不太好的学生,大部分都能积极参与其中,那种在活动中表现出来的机灵可爱样儿,跟他们在主要学科学习过程中我们所看到的懒散的表现可谓天壤之别。通过自身素质与特长的展示与交流,学生在校园里能找到属于自己发挥的平台。乐于把时间和精力投入到自己感兴趣的事情上去。音乐、体育、绘画等方面的特长本身就是无法量化评价的,在过程性的展示与交流中才能得以挖掘,突出学生自身的闪光点。

此外,展示交流也可以是由班主任组织全班学生分组开展综合素质档案展示和交流活动,学生在组内进行自我陈述和互动交流,小组推选代表在全班展示交流,这种方式对于学生自我肯定与全面认识自我也能起到积极的作用。

(二)基于不同手段的评价

我国学者李雁冰认为,综合素质评价就是个性发展评价,是真实性、过程性评价,也是内部评价。他说,我国方兴未艾的综合素质评价既是一种评价观,又是一种评价方式。作为一种评价观,它欣赏教育内在价值,追求学生的个性发展,倡导交往、对话和意义建构,强调评价的真实性和过程性。作为一种评价方式,它是以教师和学生为评价主体的教育内部评价或校本评价,其基本呈现形态需要基于不同的评价手段,如写实记录、问卷调查、访谈交流、现场观察等。[①]

1.写实记录

写实记录是收集综合素质评价信息最基础的手段。离开了资料,描述与判断都将成为无水之源、无本之木。写实记录作为质性评价,伴随学生学习生活的全过程,具有鲜明的个人生活史色彩。写实记录将学生综合素质

---

①李雁冰.关于素质教育评价的理论问题[J].教育发展研究,2009:24.

评价与日常管理相结合,主要指建立学生评价信息档案,包括学生基本信息表、学生成长档案袋、《综合素质评价手册》《课堂表现手册》和若干的表现记录等材料。写实记录可以是纸质记录,也可以是电子文本,评价者可根据情况自主选择。写实记录要收集能够反映学生学习过程和结果、表明学生发展状况的关键资料,包括学生的自我评价、个性介绍、成绩记录、各种作品、社会实践和公益活动记录、体育和艺术活动及科技活动等成长历程的记录、教师与同学的评价、考试及竞赛的信息等。

实证材料的提供务必遵循实事求是的原则,各班要采取切实有效的措施督促学生积累、整理实证材料。综合实践活动(包括社区服务),可利用校内校外时间分成小组进行,突出学生的自我活动记录。活动内容和记录由班主任和科任教师指导,年级可给出表格,内容由学生自己填写。

【示例】泸州市的写实记录是由各校根据泸州市学生综合素质评价参考标准制定校本化标准和实施细则,组织力量研究、编制各校适合本校统一的《学生综合素质评价写实记录手册》,指导学生在学习过程中客观记录反映综合素质主要内容的具体活动、典型事迹、取得的成果和获得的校级及以上荣誉,收集相关事实材料,及时、真实地填写活动记录单,做到综合素质评价有据可查。

建立学生成长档案袋遵循以下原则:收集学生最优秀或最满意的作品;学生有选择作品的权利,教师不能用自己的标准代替学生选择作品;鼓励学生考虑作品选择的理由;相关的反省记录也可以装进去;每个学生的成长记录袋可以不相同,记录袋、磁盘、光盘、网页、网站等形式均可,内容包括:

①教育行政部门认可的表彰、获奖证明材料及个人成功事件的记录。

②教育行政部门认可的特长鉴定。

③自我描述。

④制订的学习计划及未来发展规划。

⑤每学科一份最好的作业或作品。

⑥班级日志等日常记录的统计资料。

⑦老师、同学、家长写的记忆深刻的评语。

⑧各类课程学习的阶段性或终结性考试成绩。

⑨综合实践活动(包括社区服务)的有关记录和证明……

2.问卷调查

问卷调查作为量化评价手段的一种,可以将综合素质评价内容作为可以量化的数据,再测量这些数据,并以量化统计方法来分析结果数据,最终达到综合素质评价目的。它的独特优势在于不受时间、空间限制,能在不干预被评价对象的自然状态下进行,便捷地获取资料。问卷式评价和调查式评价都是用书面形式搜集材料的一种调查手段,二者的区别在于问卷侧重于意见、态度的征询,而调查表则侧重于事实及数字的搜集。问卷调查应精心设计书面调查项目或问题,以向被评价对象收集信息。这种方法既可以了解被评价对象的态度、动机、兴趣、观点等主观情况,也可获得许多客观信息。问卷调查实施需要做好设计问卷的类型和项目、选取调查对象、发放和回收问卷以及进行问卷处理等工作。

3.访谈交流

访谈交流也是调查手段的一种,它是指通过教师与学生面对面的交谈互动,了解学生不同维度的表现,从而对学生的综合素质做出比较合理而科学的评价。访谈交流可以是封闭的,也可以是开放型的和半开放型的。它对学生的评价更具全面性、真实性和亲和性。

4.现场观察

现场观察是对被评价对象在自然状态下的特定行为表现进行观察、考查和分析而获得第一手事实材料的手段。现场观察法应用于综合素质评价中，最适用于了解被评价对象的行为、动作技能、情感反应、人际关系、态度、兴趣、个性和活动情况等。观察法可采用轶事记录、行为描写、检核表和评定量表等方式记录观察结果。

实施现场观察法主要包括三方面的工作：一是观察设计，包括确定观察的对象和内容、选择观察方式与工具、培训观察人员。二是观察记录。观察的结果常以一定的方式记录下来。记录要力求真实，并标明时间、地点和事件发生的条件等。记录的方式主要有对行为或事件的描述记录和按记录表记录两种。三是观察资料整理。观察后，观察者应及时整理或补充记录，如发现有遗漏或记录有误时，应尽可能凭借记忆或参考其他观察者的记录进行补充、修正。

在实施综合素质评价过程中，评价者要获得真实而可靠的信息，就必须能够熟练地掌握不同的评价手段。上述的评价资料的常用方法都各具特点，但要注意适用性。

写实记录是对被评价对象情况现有的资料进行收集与记载；问卷调查和访谈交流是通过被评价对象自我报告的方式收集资料；现场观察是评价者通过感官收集资料。一般来说，写实记录没有时空的限制，可扩大视野，对写实记录既可进行定性分析，也可做定量分析；问卷调查比较适用于调查对象较多的场合，了解面上的情况，所获得的信息比较容易进行量化处理；访谈交流与现场观察则比较适合用于调查规模较小的场合，了解点上的情况，所获得的信息主要用于定性分析。

写实记录的效果主要取决于评价者筛选、分析资料的水平；问卷调查的效果主要取决于调查工具编制的质量;而访谈交流和现场观察的效果则主要取决于评价者实施调查的技巧。除以上评价手段外,还有测验法等多种评价手段。不同手段的评价方式各有所长,评价者应根据评价所需的信息,选用最适当的方法或多种方法结合起来使用,使综合素质评价的结论建立在可靠的基础之上。①

三、评价过程多阶

综合素质评价是过程与结果相结合的评价,教育部的文件突出强调了综合素质评价的过程,强调"关注成长过程""如实记录学生在成长过程中的突出表现",强调参加各种活动的"持续时间",强调"对学生全面发展情况的观察、记录、分析"。这些要求与偏重结果、偏重定量的评价方法不同,增加了评价的过程性,吸取了质性的评价手段和方法。多阶化的评价过程使得综合素质评价更加丰富、真实和富有价值,更加符合学生的成长规律,更加贴近学生的成长需要,对于学生发展的引导和支持也会更加有效。

(一)过程性评价

过程性评价以真实性评价和表现性评价为主要形式,主要包括随时点评、过程记录与定期综评。过程性评价注重学生成长中的表现、发展和变化情况,是学生综合素质评价的重要组成部分。

1.随时点评

随机式评价没有相对固定的时间、地点与完整的评价程序。教师特别是在班主任在与学生日常的教学和交往中,有意无意间都会对学生的各种行为表现进行评价。这些评价行为通常是在教学或交往的过程中进行的,

---

①严先元.学习评价的理论、方法、技能与应用[M].天津:天津教育出版社,2015:43-46.

教师对于学生表现的一句表扬或批评、一种肯定或否定,甚至一个眼神、一个动作,都引导着学生的学习与思考,规范着学生的行为。所以,随机式评价是与教育教学融为一体的。随机式评价绝大多数是作为一种非正式的评价形式出现,一般而言不作评价记录,其结果也不用作对于学生进行总体评价的依据。但恰当的随机点评却是除学业评价之外,最经常最普遍的评价,其对学生多方面的发展具有非常重要的影响作用,能激发和调动学生的积极性与创造性。[1]

2.过程记录

综合素质评价是建立在学生成长过程的事实记录基础上的。过程记录是对学生各方面成长和发展过程进行忠实、及时、全面的记录。因此,《成长记录册》或成长档案袋等过程性记录是开展中小学生综合素质评价的基础。如作业评价记录,作业评价是对学生过程性评价的其中一种方式,是师生交流的一块芳草地,教师不但可以对学生在知识方面存在的问题进行修改和指正,还可以对学生思想和情绪上的波动进行及时的疏导。教师可根据学生作业完成情况给予相应的等级评定,或针对学生情况给予简要的评语交流,学生分小组定期进行等级登记并作为期末综合评价的依据。与传统的一次性期末考试成绩相比,在作业评价的过程记录中学生能明确看到自己学习过程中的变化,通过作业等级的呈现,能找到自己努力的方向并进行自我肯定。

【示例】纸上传情——我是这样批改作业的

在批改学生的作业和试卷时,我不仅经常评定分数和等级,同时还给学生留言。例如,"XXX,你的字写得很漂亮,但化学元素符号必须写规范,不能随意装扮它们,自然才是真的好看!"从此他写元素符号、化学方程式规范

---

[1]刘五驹.实用教育评价理论与技术[M].苏州:苏州大学出版社,2008:220.

多了。"XXX,你总是喜欢占'小便宜',写化学方程式时总有一些分子被你'贪污'了。有得必有失,这几个方程式的分数我只能不给你了,以后注意!""XXX,你的有机化学好像学得很糊涂,虽说'难得糊涂',但'一时糊涂可不能一世糊涂'呀!"等。学生对我批改作业后的留言很感兴趣,觉得我总能击中他们的要害,给予他们帮助。慢慢地,他们在作业本上也给我留言:"老师,离子浓度大小比较我总是弄不明白。""老师,你讲课有点快,我跟不上。""老师,我这个单元学得特别好,您看我作业就明白了。"……师生在留言中相互沟通,共同提高。

上例中教师给学生的留言,其实就是过程评价中的评语。在"等级(分数)+评语"的评价中,学生不仅知道了自己作业中的问题,也明白了问题出在什么地方,应该如何进行改正。作业评价记录能最直观地反映出学生成长变化的过程。

当然,除作业评价外,在实施综合素质评价的过程中,应留意观察并记录学生在平时课内及课外活动中的各种表现、优点、发展状况和有待改进的地方,保证评价记录的客观性和真实性,避免凭借主观印象或情感用事。

3.定期综评

不同的期间进行不同程度的综合评价具有积极的作用。通过学期初诊断、周评月评、学期评价以及学年评价的结合,学生能在成长过程中关注自身的发展,为不断完善自我提供可能。

(1)学期初诊断

在新学期开学时,学生可以学习并对照综合素质评价的标准与要求进行自我诊断,进一步明确自己在本学期的起点和目标。学生在新学期开始时的自我描述,主要展示自己的突出表现,并指出存在的主要问题。其中一年级第一学期主要是学生的自我认识,其他年级每学期的内容是学生在上学期自我反思的基础上,参照国家和学校对中小学生的综合素质评价要求,结合家长和班主任的评语,对自己的现状作简要描述。"我的发展"目标包括学生在本学期的自我发展设计和家长的期望。学生要结合自己的实际情况,参照家长和班主任的评语和期望,制定自己本学期要实现的发展目标。不管是纸质记录还是使用电子平台记录,学生通过学期初的自我诊断后,能有比较明确的学期发展或努力目标,对于学生全面提高与素质提升有明显的促进作用。

【示例】学期开始的我

在新的学期、新的环境下我们要重新开始,无论过去是失败还是成功。忘记以前的成功与失败,我们只需要把经验和教训铭刻于心。面对失败,让我们铭记一位老者的话:一个人如果失败了一次,并不证明他真正失败了;如果他认输了,并且退却了,那他才真正失败了。做人第一,做学问第二。

新学期开始,应认真总结过去,千万不要骄傲,再接再厉,争取取得更好的成绩,取得更大的进步。应该振奋精神,争取迎头赶上。

新学期刚开始,我的发展目标是做好"五个心":一是收心,把暑假的以玩为主的生活方式转变为以学为主的生活方式;二是决心,我要在新学期开始就下定决心让自己的人生有一个美好的开端;三是恒心,在学习上要下工夫,持之以恒,战胜困难;四是爱心,不仅要提高学习,同时还提高品德修养,尊敬老师,团结友爱,互相互爱,孝敬父母;五是用心,用心做人,做学问。

(2)周评月评

周评月评是在学期初诊断的基础上综合素质评价工作的落实。每个学生每周或每月根据综合素质评价,在不同维度用标准口头表述或书面写出本周(月)情况,在小组内交流,然后在自评栏内打出等级。具体来说,道德品质、公民素养、交流与合作能力方面,无严重违反校规校纪行为,具备一定的交流与合作能力的,评为"合格";有严重违反《中学生守则》和《中学生日常行为规范》基本要求,经教育仍不改正的,可评为"尚需努力";学习能力、运动与健康、审美与表现方面,凡符合相应标准、成绩优异、表现突出的,评为"优秀"等级,凡符合相应标准、表现较为突出的,评为"良好"等级,凡基本符合相应标准,可评为"合格"等级,凡不符合相应标准,评为"不合格"等级。

【示例】质性评价的影响

我们的综合素质评价在量化学生表现和成绩的基础上,更突出了对学生质性的评价,即反映学生知、情、意、行上本质的特性的评价。有这样一个案例:201班孙辉同学是一个上课经常顶撞老师,经常与同学打架,甚至用鞋扔打母亲的学生。在全班同学每月综合素质评价后,他的思想有了很大的转变。他说:"原来对自己的行为无所谓,现在每个月的评价才发现,这么多的同学都比我好。我难道天生是差生吗?"不服气的劲头一上来,很快,同学、老师、家长都发现了他的明显变化。如上学前给妈妈留纸条:"今天你辛苦了,放学回来我给你做饭。"这张纸条,虽不能证明他本质上的根本转变,但是足以说明综合素质评价的作用。这个纸条装入他的成长袋,就有可能让他的一生发生质的变化。

(3)学期评价

学期评价是定期综合素质评价重要的一环,是学生在一个阶段的学习结束时对于自己和他人进行较全面的自我反思与相互评价。学期评价在每学期末通过班级展示、学生自评、小组评价、班主任评价、任课教师评价、学校评价、家长评价,综合形成学生综合素质学期评价表。除了有利于形成良好的学习习惯与学习动机以外,自评与互评的评价方式还有利于学生形成评价自己与评价他人的意识与能力,这是提升综合素质所需要的。

【示例】在自我评价中自豪

在学期学习结束时,一个学生在教师组织的学生自评与互评活动中,向同学讲述她的学习体会。她将教科书上以及教师所讲的内容中未完全展开的部分记录在"问题本"上,课后通过图书馆以及上网查阅相关信息的方法,她弄懂了"问题本"上的问题并学到了许多课堂上和书本上没有的知识。谈话中,自豪与喜悦溢于言表。这个例子中该学生的表现正是在学习过程中形成的、有价值的非预期的结果。

(4)学年评价

学年评价是指学生在完成一学年学业时,学校根据学生成长,对学生的综合素质发展情况做出阶段性评价,旨在反思与评定学生一学年的成长与发展。作为一种事后的过程性评价,学年评价有以下几个特点:一是有相对集中的时间与合适的场地。二是评价过程会有相应的记录。例如,过程性评价量表、小组互评记录、教师评语等。三是评价的结果会用作学生阶段学习成绩的评定依据。

与学期评价相比,学年评价除了对学生的综合素质发展情况做出等级评价外,班主任还要对学生一学年来的成长表现做出写实性评价并存档。写实性评价应多角度地评价学生,多采用激励性的语言,客观地描述学生的进步、潜能以及不足,同时要制定简要的促进学生发展的改进计划,帮助学生认识自我,树立自信,对学生今后的发展和提高进行有效的指导。

(二)终结性评价

终结性评价也是事后评价的一种形式,一般是在教学活动告一段落后,为了解教学活动的最终效果而进行的评价。学期末或学年末进行的各科考试、考核都属于这种评价,其目的是检验学生的学业是否最终达到了各科教学目标的要求。[1]评价以给学生下结论或者分等级形式呈现。终结性评价重视的是结果,借以对被评价者做出全面鉴定,区分出等级,并对整个教学活动的效果做出评定。在综合素质评价中的终结性评价不仅仅是指学业水平的考试与考核,而是指在过程性评价与阶段习惯评价基础上,学段升级与毕业总结时学生品德发展、身心发展、学业发展、个性发展、公民素养与交流合作六个方面的综合评价。

1.学段升级评价

传统的学段升级评价是指完成某一学段学业后的一次性阶段测试的结果性评价。综合素质评价的学段升级评价包含品德发展、身心发展、学业发展、个性发展、公民素养与交流合作六个方面,注重综合发展能力评价,淡化纯知识记忆性评价,强化应用能力的思维性评价,将过程性评价与阶段性评价按恰当的权重比例,以梯次等级的形式呈现。

2.毕业总结评价

毕业总结评价是综合素质评价的反馈,既是教师与同学对学生小学、初中或高中不同阶段的整体综述,也是学生阶段性的自我鉴定与总结。毕业总结评价要具体性和针对性,让学生明白自己表现结果的实然状态和发展目标的应然状态之间的差异,指出其努力与发展的方向,发挥评价结果处理的增值效益。[2]

毕业总结评价的实施通常是在小学第十二学期和初中第六期末对毕业班学生组织毕业评价,形成小学、初中毕业学生综合素质评价档案和综合素质评价表。班主任指导学生按照统一的初三学生综合素质档案格式要求,整理、遴选具有代表性的重要活动记录和典型事实材料以及其他有关材料,

---

[1]胡中锋.教育评价学[M].北京:中国人民大学出版社,2013:22.
[2]刘辉.促进学生学习的评价结果处理研究[J].当代教育科学,2013:12.

建立综合素质个人档案,并为高一级学校提供更为全面的学生综合素质信息与录取参考。

综合素质评价不是不考虑学业成绩。恰恰相反的是,综合素质评价首先要考虑学业成绩,只不过,这个成绩不再是一次性的成绩而已。综合素质评价是发展性学习评价最具代表性、最全面系统、最高级形式的评价,就其内容而言,涵盖了发展性学习评价的方方面面,不管发展性学习评价选择哪一方面作为重点或突破口,综合素质评价都应成为最重要的依据。

需要注意的是,综合素质评价本身不是目的,而是要通过综合素质评价过程,从学生的经历中发现他(她)是一个怎样的人。也就是说,综合素质评价是一个过程和手段,其重要意义并不在于罗列一个学生具备了多少素质评价的内容,而是要通过这些内容,对学生的整体素质形成一个综合性判断。因此,综合素质评价的着力点,一定不能放在具体的内容上,而要引导学生去发现自己的兴趣,做自己最喜欢的事情,发掘出自己身上的闪光点和潜力,从而帮助学生从单纯的考试训练中解放出来,实现自身的全面发展,同时,在这个过程中推动实现教育的多样化和个性化。[①]

第三节　规范操作

综合素质评价的实施需要选择行之有效的推进路径。从率先开展试点,推进工作卓有成效的地区可以看出,路径的选择是综合素质评价实施能否真正落实的有力保障。

---

①秦春华.高考改革与综合素质评价[J].中国大学教学,2015:7.

一、市级统筹

综合素质评价的推进一定要结合不同地域的实际,否则理想化的方案就是空中楼阁,解决不了问题。因此,加强市级层面的系统思考、科学规划与周密部署,通过市级统筹制定出符合当地实际,具有强力针对性的实施方案,才能确保推进工作任务具体、职责明确、有章可循。

(一)编制参考标准

要保障综合素质评价实施的科学性,评价者应以教育部综合素质评价相关指导性文件为基础,形成具有地方特色的评价标准。综合素质评价的实施迫切需要具有科学性、客观性和可操作性的参考标准,从市级层面编制参考标准,让综合素质评价的实施具备可操作的导向,有益于市域整体推进综合素质评价改革,有益于更好地展现学生综合素质发展的真实内涵。

【示例】北京市在《北京市初中学生综合素质评价指标体系》(2012年修订)基础上,编制了《北京市初中学生综合素质评价指标框架(试行)》,确定思想道德、学业水平、身心健康、艺术素养、社会实践和个性发展六个方面的评价内容。北京市2016年最新标准中提出:在思想道德方面,要记录学生参观天安门广场升旗仪式,走进国家博物馆、首都博物馆、抗战纪念馆等情况,还要记录学生参加"三爱、三节"(爱学习、爱劳动、爱祖国,节水、节电、节粮)主题教育活动及参与志愿服务活动的主题、次数、时长和表现情况等。在艺术素养方面,要记录学生学习掌握至少一项艺术技能、特别是传承中华优秀传统文化艺术技能的表现情况。在社会实践方面,要记录学生参与市、区社会大课堂基地实践体验的次数、时间、成果及心得体会等情况。此外,还要记录学生参加学校、家庭和社区劳动实践的次数、时间、技能表现、成果及心得体会等情况。

北京市学生综合素质评价具有以下特点：

一是淡化综合素质的选拔功能，注重发挥其促进学生发展的功能。北京市初中学生综合素质评价最主要目的是促进每个学生在原有的基础上全面和谐的发展，促进教师转变教学方式，引导家长和社会更新人才观念，营造有利于学生健康成长的教育环境和社会环境，与此同时，学生综合素质评价结果也可为"初中学生升入高级中等学校提供参考"。

二是设计了基础性指标和发展性指标，并将其转化为关键表现，具有一定的可操作性。基础性指标在初中阶段包括思想道德、学业成就、身体健康和心理健康四个方面，在高中阶段包括思想道德、学业成就、合作与交流、运动与健康、审美与表现五个方面。北京市还在二级指标的基础上开发了三级指标，也称为"关键表现"或"评价要素"，并在此基础上开发了学生、教师、家长等不同利益相关者使用的评价工具，减少了评价的随意性和不确定性，增强了可操作性。

三是注重综合素质的形成性评价，全面记录学生进步。比如在初中阶段，教师要以"学生综合素质评价档案袋"为手段，将学生在教育教学过程中自然形成的、能代表学生综合素质发展状况的信息进行及时记录和保存，然后由多元主体对这些信息进行评价，形成评价结果。

四是实施以学生自评为主的多主体评价。比如在初中阶段，学生、教师、家长、同伴除了参与写评语外，还要参与问卷调查，从思想道德、学业成就、身体健康和心理健康等维度进行评价，最后将评价结果整合到综合素质报告单上。而在这些评价的实施中，学生始终以主体的身份参与其中，随时看到自己的进步与不足，从而促进自身的主动发展。

五是定性与定量相结合呈现评价结果。学生在思想品德、公民素养、学习能力、锻炼习惯等方面的评价用等级表示；学生在知识与技能上的表现用百分制学业成绩呈现；学生身体素质用体质测试数据表示；学生在个性特长、实践创新等方面的表现用书面语言描述。此外，班主任还需要对学生总体表现进行定性描述。

（二）出台支持政策

综合素质评价实施的有力推进需要政府出台相应的支持政策助力。为推进考试制度改革，教育部发布了《关于进一步推进高中阶段学校考试招生制度改革的指导意见》，其目标是逐步建立一个"初中学业水平考试成绩＋综合素质评价"的高中招生录取模式，改变目前高中招生将部分学科成绩简单相加作为录取唯一依据的做法，克服唯分数论。此次改革明确要求试点地区将综合素质评价作为高中招生录取的依据或参考，让以往处在从属、参考地位的"综合素质评价"成为主角。具体来说，在评价内容上，要求细化和完善思想品德、学业水平、身心健康、艺术素养和社会实践五个方面的评价内容和要求。强调要做好写实记录、遴选典型事实材料，将用于招生使用的事实材料进行公示、审核、建立综合素质评价档案，做到程序严谨，方便适用。另外，实行谁使用谁评价，由高中学校根据学校办学特色制定具体的使用办法，使综合素质评价在招生录取中真正发挥作用，打破"唯分数论"。

【示例】潍坊市出台了《潍坊市初中学生综合素质评价工作规程（试行）》，其中明确提出市县级综合素质评价工作指导监督委员会每学年应对初中学校综合素质评价工作进行监控和评估，评估结果纳入教育综合督导评估。对在学生综合素质评价中存在违反程序、违规操作、弄虚作假等行为的学校，由县级教育行政部门责令改正，视情节给予通报批评、撤销教育类荣誉称号等行政处理。对直接负责的主管人员和其他直接责任人员，按照相关条例以及校长职级制、师德考核等有关规定，视情节给予调离工作岗位以及警告、记过、降低岗位等级、撤职、开除等处分;是中共党员的,按照《中国共产党纪律处分条例》有关规定给予相应党纪处分;触犯法律的,移送司法机关处理。

泸州市同样从市级层面出台了相关支持政策,保障综合素质评价工作的有力实施。如根据学段的不同分别出台了《泸州市小学生综合素质评价指导意见(试行)》《泸州市初中学生综合素质评价实施方案(试行)》,2015年和2016年连续出台了不同的《泸州市初中毕业生综合素质评价实施意见》,推动综合素质评价的实施与结果应用。相关规程与政策的出台,是推进综合素质评价工作强有力的保障。

(三)研发管理平台

学生综合素质评价工作是一项系统工程,其中加强信息技术的运用是非常重要和必要的,电子平台的研发与管理可以促使此项工作的完成更加规范、系统。它可以大幅度减轻工作量;可以自动形成更为丰富、深刻、直观的信息;可以有效整合并呈现多通道信息;可以加强过程记录与监控,提高数据安全性;可以提高保密性,降低相关人员压力;可以有效利用已有数据,提高数据共享程度。建立学生综合素质评价数字化管理平台,是综合素质评价改革实践借助信息技术实现管理的重要手段,也是学生成长各阶段的重要过程评价依据。在建设中,应统一小学、初中、高中各阶段数据接口。当然,各地各校应该根据实际情况,因地制宜、量力而行。如上海市开发建立了全市统一的高中学生综合素质评价信息管理系统,主要有三个目的:第一,保证评价数据的客观真实。这一信息管理系统与上海市基础教育学生信息管理系统对接,数据录入、审核等系列标准、规范、统一,确保学生综合素质评价的数据真实可靠。第二,方便高校招生使用。使用综合素质评价信息的招生高校,可以将自己的招生系统与信息管理系统对接,方便地检索、分析报考本校学生的综合素质情况。第三,方便教育主管部门管理引导高中办学。通过信息管理系统逐步建立本市学生综合素质评价信息数据库,市、区县两级教育主管部门可以通过大数据分析形成趋势判断,了解全市学生各方面素养的整体情况、学校素质教育特点和社会实践情况等,从而对学校办学进行宏观指导和监督。

关于电子管理平台的使用,一是能提供规范的统一标准管理,以确保数据真实。二是综合素质评价的信息录入,尽可能采用客观数据导入的方式,如学生基本信息、学业水平考试成绩、体质监测评分等,以客观性确保真实性。三是将部分原本难以考查的主观性指标,转化为参与相关活动情况记录及其成果,来体现学生的综合素质状况,使评价内容可考察、可比较、可分析。电子管理平台应以学校为记录主体,采用客观数据导入、统一录入,学生提交实证材料相结合的方式,客观记录学生的学习成长经历。

【示例】成都市武侯区初中学生综合素质评价平台

为改变教育评价现状,武侯区依据教育部有关文件精神,提供了一套初中生综合素质评价管理平台的建设方案。该方案坚持以立德树人为根本任务,以学生发展为核心,以培育学生核心素养为目标,构建评价内容多元的过程性评价体系,对于促进学生全面而有个性的发展,助力考试招生制度改革的落实都具有重要作用和意义。

1.平台整体架构

学生综合素质评价二级管理平台基于云计算技术开发设计,完全满足教育管理信息化顶层设计要求,整体架构设计上分为三层,具体如下:

(1)IAAS:Infrastructure-as-a-Service(基础设施即服务)

基础设施即服务提供了云计算基础架构,包括服务器、存储、网络和操作系统。它作为一种按需服务,使得客户无需购买服务器、软件、数据库空间或网络设备,而只要按需购买这些资源的外包服务。IAAS通常可以分为公共和私有两种基础设施或是两者的组合。

"公共云"被认为是包含了共享资源并在互联网上部署了自助式服务的基础设施。相比之下,"私有云"也集成了一些诸如虚拟化等的云计算功能,但它是运行在专用网络上的基础设施。此外,一些托管服务提供商开始提供传统托管服务的同时,也提供公共云或私有云的网络组合。这种组合方式通常被称为"混合云"。

(2)PAAS:Platform-as-a-Service(平台即服务)

在软件开发时,平台即服务为SAAS(软件即服务)提供了基础。PAAS被定义为一个计算平台,它使得用户能够快速、方便地创建Web应用,并且无需担心维护下层软件。PAAS类似于SAAS,不同之处在于其通过网络建立一个软件平台,而不是通过Web软件提供服务。

(3)SAAS:Software-as-a-Service(软件即服务)

软件即服务被定义为部署在互联网上的软件。通过SAAS授权后,可以定制按需服务,即"支付使用"的模式。这种服务的快速增长使得SAAS迅速流行,SAAS的特点如下:①可通过Web访问的商业软件;②软件集中式管理;③软件通过"一对多"模式进行交付使用;④最终用户无需处理软件升级和补丁;⑤应用程序接口(API)可在不同软件之间集成。

2.评价的设计理念

综合素质评价要解决初中学生成长原动力不足的问题,为了解决这个问题,我们将"激发成长动力、培育核心素养、引导个性发展、促进共同成长"作为初中平台的设计理念。通过个体评价与集体评价相结合的方式,强化共同体的相互促进功能,激活学生成长基因,激发学生成长动力,关注学生在合作中共同发展,真正发挥评价的教育和导向功能。

3.评价的基本维度和内容

根据义务教育的性质、学生年龄特点,结合教育教学实际,我们将初中生综合素质评价的基本维度设定为思想品德发展水平、学业发展水平、身心发展水平、艺术素养发展水平、社会实践水平、兴趣特长养成和学业负担状况七方面的维度,并依据《教育部关于进一步推进高中阶段学校考试招生制度改革的指导意见》的有关要求,将兴趣特长养成和学业负担状况分别融合到艺术素养发展水平和学业发展水平中,并归纳总结了以下五方面评价内容及其评价的侧重点:

(1)思想品德发展水平。主要考查学生在践行社会主义核心价值观、弘扬中华优秀传统文化及学生道德认知和行为表现等方面的情况。包括社会责任感、人生态度、诚实守信、合作友善、自尊自信、日常在校行为表现、参与学校活动表现及活动成果等方面的情况。

(2)学业发展水平。主要考查学生学习态度、学习表现,各门课程基础知识、基本技能掌握及运用知识解决问题的能力等方面的情况。包括平时课堂学习表现、平时学习成绩、期中期末学业测试成绩、学业水平考试成绩、研究性学习表现及学习成果等方面的情况。

(3)身心发展水平。主要考查学生体育与健康课程的修习情况、体育运动方面的特长发展和心理品质的发展水平等。包括学生的健康生活方式、体育锻炼习惯、学业考查、《国家学生体质健康标准》测试结果、体育运动方面的能力与特长、各级体育活动或体育社团活动表现与成果及心理健康发展水平等方面的情况。

(4)艺术素养发展水平。主要考查学生音乐与美术课程的修习情况、在艺术修养和审美情趣方面的发展情况、艺术特长的发展水平等方面的情况。

包括参与音乐与美术课程学习表现、学业考查、艺术兴趣及特长、各级艺术活动或艺术社团活动表现及成果等方面的情况。

(5)社会实践水平。主要考查学生参与社会实践的活动表现及活动成果、科技创新活动及成果等方面的情况。包括社区服务、公益劳动、志愿服务等活动的表现与活动成果、科技创新活动及相关成果与作品等。

4.评价的方法

依据相关政策文件与学生综合素质评价实际需求,我们设计了覆盖七个基本维度、五大评价内容的八个评价方法,我们习惯称之为"八大评价活动"。主要有成长计划、写实记录、民主评价、日常表现评价、学业测试、共同体评价、获奖认定七大评价活动,同时学校可以根据实际发展需要进行自主选择或自定义增加第八个特色评价活动。

(1)成长计划。立足于自主教育,引导学生进行自我规划、自我激励、自主发展。由学生制定个人成长计划,并对计划完成情况进行自我评价。

(2)写实记录。充分发挥学生在评价中的主体作用,让学生参与评价活动,用典型事实材料和有代表性的活动记录反映学生发展情况,更好地发挥评价对学生发展的促进功能。

(3)民主评价。通过自评、互评、教师评等评价活动,体现评价主体的多元性和评价方式的多样性,让学生既关注自我发展,又关注同伴发展,更关注合作发展。

(4)日常表现评价。考查学生日常行为规范养成、学习与活动表现是评价的重点工作。此项评价活动在思想品德方面主要进行日常行为表现评价,在学业水平方面为日常学习表现评价,在身心健康、艺术素养和社会实践三个方面为日常活动表现评价。

(5)学业测试。此项评价活动是学业水平评价的重要内容,主要记载学生平时成绩、期中期末测试成绩、学业水平考试成绩、体育测试成绩。

（6）共同体评价。此项评价是集体评价活动，包括学校对班集体的评价，班级对小组的评价。通过集体评价来增强学生的集体荣誉感和集体凝聚力，强化共同体的相互促进功能。

（7）获奖认定。每学期末，由学校统一组织进行学生获奖情况的审核与认定，并根据获奖内容在相应方面进行评价。

（8）特色活动评价。由学校根据本校的办学特色和学生的发展需要，自主设计评价活动。

5.计分说明

武侯区初中学生综合素质评价主要活动有成长计划、写实记录、民主评价、日常表现评价、学业测试、共同体评价、获奖认定及特色活动评价。评价采取活动积分的方式进行，即把具体评价活动对应在思想品德、学业水平、身心健康、艺术素养与社会实践五个方面中的某一方面，活动结束后在此方面进行积分。

（1）成长计划：由学生在学期初制定思想品德、学业水平等五个方面的个人成长计划，并在一学期时限内对计划完成情况进行自我评价。教师、学生及家长可随时对成长计划完成情况进行查看、评论和点赞。赋分标准为：每学期20分，每方面4分，每方面制定计划并完成自评，得4分；制定计划未进行自评，得2分；未制定计划，得0分，系统自动赋分。

（2）写实记录：在教师的指导下，学生对自己在思想品德、学业水平等五个方面日常表现中的具有代表性的主要经历与典型事件作客观记录和写实性描述。教师、学生及家长可对记录随时进行查看、评论和点赞。学期末由班主任指导学生遴选不多于5条的典型记录存入档案。赋分标准为：每学期100分，每个方面的写实记录每学期20分，每方面达到3条得20分，参与

10分,不参与0分。

（3）民主评价：民主评价采用学生自评、同学互评、教师评的方式,每学期进行1-2次,评价时要对学生五个方面的表现进行评价。赋分标准：每次民主评价50分,每方面10分。每方面学生完成自评即得2分；同学互评与教师评,学校自定义涵盖五个方面的评价内容,每条内容满分4分,结束后,系统自动统计每条得分总和的平均分,小于1分的积1分、大于等于1分小于3分的积3分、大于等于3分的积4分。

（4）日常表现评价：此项评价活动在思想品德方面为日常行为表现评价,在学业水平方面为日常学习表现评价,在其他三个方面为日常活动表现评价。此项评价分为加分与扣分两种形式,加分由教师在相应的活动中,对学生的突出表现发放发展性标志卡,按发展性标志卡的数量进行累计积分,扣分由教师对学生的不良表现进行扣分。赋分标准：发展性标志卡每张2分,每次扣2分。

（5）学业测试：每学期期中、期末学业测试,再由学校自主确定两次学业测试,合计四次学业测试,测试结束后,教师将学生测试成绩录入或导入信息管理平台,由系统自动在学业水平方面生成积分。赋分标准：系统自动将学生总成绩转化为百分制,转化后取四次考试的平均分进行积分,最高积分为100分。

（6）共同体评价：此项评价是集体评价,对集体评价的积分要加到每个成员的积分中。赋分标准：日常班集体评价每周进行一次,优秀5分,其他2分,得分加到思想品德方面积分中。学校活动对班集体的评价,优秀10分,其他5分,得分加到活动对应方面的积分中。

（7）获奖认定：每学期末,由学校统一组织进行学生获奖情况的审核与认定,审核与认定的内容包括活动是否学校认可、证书是否真实、获奖级别等,审核认定后再根据获奖内容与级别在相应方面进行积分。赋分标准为:校内活动获奖,每个奖项积分上限为10分;校外活动获奖,每个奖项积分上限为20分。具体积分办法,由各学校自行规定。

(8)特色活动评价:由学校根据本校的办学特色和学生的发展需要,自主设计评价活动,学校可以根据活动内容与形式自主确定对集体或个体进行积分评价,每学期50分,五个方面各10分。具体积分办法由各学校自行规定。

6.评价程序

(1)建立评价档案。各学校依据全国中小学生学籍信息管理系统中的相关信息,在武侯区中小学生综合素质评价信息化管理平台上为每一名学生建立电子账号,设立电子成长档案,以全面、全程记录学生在中小学阶段各方面的发展状况。

(2)评价信息采集。在开展学生综合素质评价时,根据评价活动内容和活动特点,确定信息采集周期,保证信息的及时录入。

(3)评价数据处理。每学期结束前,各学校在评价信息采集结束后要及时进行评价信息处理工作,包括评价信息的整理、遴选与审核,五个方面分项积分并生成相应的等级。

(4)评价结果公示。学期评价结果和毕业评价结果,必须在班级、年级和学校范围内进行公示,公示期为7天。公示期满后,由学校评价工作领导小组审核认定,同时,对评定中出现的问题进行仲裁和处理。

(5)评价报告生成。每学期末评价结果公示结束后,由系统自动生成学生个人的评价报告,并在信息化管理平台上公布。报告的主要内容有:成长计划的内容与完成情况、遴选后的写实记录内容、获奖信息、学业成绩、体测结果、学生成长感言、家长寄语及教师评语等内容。

为确保评价的客观真实,确保评价数据的准确性,所有载入综合素质评价档案的评价内容均需经过公示。为此,平台为数据公示提供便捷的查询功能,方便教师、学生、家长了解相关内容,同时对存在疑问的记录进行跟踪处理,按时间节点、经手人、处理进展、正式材料、处理结果等流程准确记录和呈现问题处理全过程,确保评价的公平公正、评价数据的真实、准确。另外,评价信息的采集截止时限为学生期末考试前两周,评价信息的采集结束后,要在两周内完成数据处理、整理遴选、结果公示及申诉复议等工作。学期评价报告应在学生放假前公布于信息化管理平台上,以便学生与家长及时阅读。

7.评价结果呈现

每学期结束前,平台对学生五个方面的评价数据自动汇总,生成学期评价发展报告,报告中将对公示和审核的记录数据分维度呈现,通过图文并茂的方式进行直观的统计分析,使各角色快速、清晰地了解学生的发展状况。对学生本学期过程性发展情况进行汇总和分析,各学校可根据实际发展需要自定义生成周期及呈现形式,实现教师对学生进行有针对性的个性化发展指导,实现学生有目的的进行自我反思总结与规划。

毕业前平台根据相关教育部门的要求,评价结果的记录形式和呈现格式均可按相关教育行政部门的要求自定义设置,为学生的毕业和升学提供重要参考。为每一名学生生成综合素质评价档案,综合反映学生每学期综合素质的发展情况,注重反映学生全面发展的情况和个性特长,突出操作性和写实性。

同时平台支持等级、积分等记录形式的自定义设置和转换,武侯区教育局可根据实际需要设置相应的比例权限,也可进行必要的底线管理。结果呈现分为思想品德、学业水平、身心健康、艺术素养和社会实践五方面评价内容,各学校可根据实际发展情况自定义增加考查点。同时档案的呈现格式也是根据武侯区教育局实际发展需要定制开发的。

(四)引导结果应用

综合素质评价是对学生全面发展状况的观察、记录、分析,是发现和培育学生良好个性的重要手段。引导综合素质评价结果正确、有效地应用,将其作为学生毕业和升学的重要参考,有助于转变"唯分数论"、以考试成绩作为唯一评价标准的做法,促进人才选拔从只看"冷冰冰的分"到关注"活生生的人",促进学生全面健康发展,提高自身综合素质。

引导综合素质评价的结果应用,不仅是为了促进综合素质评价自身的落地和发展,也不仅是为了促进考试招生制度改革和素质教育,更重要的目的在于促进学生的全面发展,尤其是卓越人才的发现与培养,更好地为国选才。[①]

【示例】上海市于2015年出台了《上海市普通高中学生综合素质评价实施办法》,一方面引导学生开展自我评价并进行自我调整和自我管理,促进教师开展学生成长过程指导和生涯辅导,帮助学生确定个人发展目标,实现全面而有个性的发展。另一方面通过综合素质评价改革,引导高中学校开展各种素质教育活动,促进学校多样化、特色化发展。此外,上海市循序渐进、积极稳妥地推进综合素质评价信息在高校招生中的使用。2016年上海复旦大学、上海交通大学、同济大学、华东师范大学等9所高校开展了综合评价录取改革试点。2017年起,上海将推动高等学校在自主招生过程中,试行综合素质评价信息作为高等学校自主招生的参考。相关高等学校在招生章程中明确综合素质评价的具体使用办法并提前公布,规范、公开使用情况。

[①]樊亚峤.综合素质评价纳入高考录取的阻力与对策[J].中国教育学刊,2016:6.

北京市于2016年7月出台了《关于加强和改进初中学生综合素质评价工作的实施意见(试行)》,其中明确提出,初中学生综合素质评价结果以《北京市初中学生综合素质评价报告册(试行)》的形式呈现。除了用于改进教育教学,为学校、教师、家长有针对性地教育引导和学生自我反思改进提供依据以及明确发展目标,并为学生进行初步生涯规划,确立长远发展目标提供参考外,最重要的是会纳入中考评价,其结果将作为初中升学的重要参考和依据。

泸州市建立了综合素质评价的权责体系,对评价结果实施问责与干预,形成市县政府、教育行政部门、教科研部门、学校和社会五位一体的评价结果运用主体群与评价结果呈现、反馈和运用的策略。2015年泸州市就已经明确提出将综合素质评价协同中考制度改革,完善学业水平考试和综合素质评价,形成"中考成绩+综合素质评价+学业水平考试"的录取模式,将初中学生综合素质评价结果作为高中录取的重要参考。2017年起将初中生综合素质评价结果作为高中学校录取的前置条件,高中学校将初中毕业生综合素质评价成长档案和《学生综合素质学期评价表》记录作为招生录取的重要参考。

二、区县指导

有了市级层面的参考标准和政策支持,区县作为推进综合素质评价的直接管理者,应加强对基层学校的指导,保障评价工作落地生根。

(一)指导重点

区县教育局应负责对所辖学校综合素质评价工作指导、检查和监督,主要包括引导学校形成评价机制、督导学校开展学生综合素质评价、指导学校利用结果改进工作三方面的内容。

引导学校形成评价机制。区县教育局应指导基层学校建立综合素质评价工作小组,落实学校综合素质评价具体工作,应对学校实施综合素质评价的相关内容进行系统培训,解答并协调处理学校在实施综合素质评价工作中提出的问题,引导学校形成评价机制,有序规范地开展评价工作。

督导学校开展学生综合素质评价。区县教育局每学期应定期或随机对基层学校学生综合素质评价工作进行指导督查,共同研究学生综合素质评价内容、手段、方法和要求,指导学校科学合理地实施学生综合素质评价。区县教育局还应开展对所辖基层学校综合素质评价工作的检查和考核,主要督查评价方案、学生成长档案、日常评价、期末评价、公示等落实情况并督促学校按时、规范上报经审核的信息。

指导学校利用结果改进工作。综合素质评价结果的应用有利于学校、家长、社会重视对学生成长过程进行科学分析;有利于引导学生发现自我,树立自信,发扬优点,克服不足,明确努力方向,促进自我发展。区县教育局应指导学校利用好评价结果,引导学校自觉将评价结果用于调整发展目标、修订发展规划、改进工作,实现学校的自主发展和内涵发展。

(二)指导方法

在综合素质评价实施过程中,区县教育局应采用有效的指导方法,主要包括组织培训交流、基层调研督导两个方面。

组织各类培训交流和研修学习,搭建综合素质评价实施研讨平台,汇聚智慧与优秀经验,为区县开展综合素质评价改革提供人才保障和专业支持。

多方听取声音,深入基层学校,调研督导学校评价改革工作实施情况,通过召开座谈会、主题讨论、问卷调查、访问师生、查阅资料等方式与学校领导及老师探讨评价改革工作中的困惑,征集区域内基层学校对评价改革实施的反馈与建议,了解学校评价工作开展情况并及时撰写调研报告,为学校改进工作提供参考。

三、学校实施

对学生进行综合素质评价是促进学生全面发展的重要举措,对于高一级学校选拔合格人才,学校提高日常教学质量,教师水平、教育行政部门进行教学质量监控以及在教育中建立诚信文化有着重要的意义和价值。学生综合素质评价实施过程中要注意以下两个方面:

(一)构建个性化评价模式

教育无小事,学校的评价系统尤其是关注学生成长的综合素质评价系统更应该考虑它在理念上的前瞻性、时代性、规范性、规律性与广泛性。鉴于此,各学校应结合自身特点,构建个性化评价模式,优化和特色化学生综合素质评价,充分利用信息化成果展开对学生综合素质的自我评价、相互评价以及家长评价、教师评价、学校评价。构建个性化评价模式是形成独特的校园文化有益尝试和创新性策略,有利于学校端正办学方向,改革办学思路,发掘办学特色,促进学校和谐发展。个性化的综合素质评价模式是提高学生特长的有益途径,更是拓展学生发展、成才的有效途径,是增强学生社会竞争素质的有益渠道,也为社会培养多种人才、社会选才丰富性提供可能,为学生发展丰富性提供舞台。

【示例】梓橦路学校综合素质评价改革

泸州市梓橦路学校在"思想引领,德艺立人"办学思想的引领下,落实立德树人的根本任务,遵循学生身心发展规律和教育教学规律,坚持科学的教育质量观,充分发挥评价的正确导向作用,促进学生素质全面发展。

(一)品德发展评价

1.评价原则与实施

学生道德品质发展性评价不是为了排队,而是为了促进发展;评价不是为了甄别与选拔,而是为了改进和提高。因此,需要、评价、行为、体验这四个环节相互联系,循环运作。把激励评价作为支力点,促使学生道德品质不断发展。

2.搭建小学生道德品质发展性评价的实践载体

在学生品德发展评价原则的指导下,一学期以来主要从以下几个方面搭建了小学生道德品质发展性评价的实践载体,在实施过程中取得了良好的效果。

(1)《梓橦印迹》:教育与评价一体化。

(2)成长树:点滴记录天天有。

(3)金星墙:金光闪闪比发展。

(4)激励卡:小小纸片美言多。

……

此外,还采用活动的方式对学生品德发展进行综合评价,如每期举办一次梓橦美德少年评选。这既是一种活动,又是对学生阶段性品德的评价,从近几年的实施情况来看,效果很好。

(二)身心发展评价

为了学生的身心发展,特别是心理健康的发展,学校专门设置了心理咨询室。在原来咨询室对学生心理咨询与辅导的基础上,赋予了心理咨询室对学生进行心理健康状况评价的职责。目前咨询室有心理咨询师3名,都有国家心理咨询师资格证。另外还有学生心理关爱志愿者教师30多位。

咨询室通过多种活动对学生心理发展状况开展评价,如用专业的沙盘游戏测评、人椅、车轮滚滚、孤岛求助等活动开展心理测评活动。记录了近300名学生5万余字的心理状况与评析个案。我们每学期都用问卷的形式,用20个题目检测评价学生的心理健康发展状况,体育锻炼情况等。

(三)学业发展评价

1.构建了梓橦路学校学生学业进步性变化评价模式

《进步性变化评价》遵循发展性、过程性、科学性、公平性等基本原则,是在学校曾申报教育部的评奖科研课题《发展性评价》基础上的一种补充和扩展。到目前已经使用了十多年了,它以学生本期开始时的原始起点为标准,以"进步"为核心来衡量学生的变化度。从情感态度、学习行为、思想方法、创新意识、学习过程、实践能力、书面检测等方面全面评价,这种评价的目的是坚持以发展、变化的眼光来看待学生、评价学生。

《进步性变化评价》的评价度分为一、二、三、四、五级;一级进步度60分以下,二级进步度60—69分,三级进步度70—79分,四级进步度80—89分,五级进步度90—100分。与江阳区教研培训中心提出的"待合格、合格、中、良、优"五个等级评定是一脉相承的。通过进步性变化评价,引导学生自我认识、自我规划、自我教育,明确发展方向,促进每个学生全面而有个性的发展。

结合学科的特点,不同学科的评价内容又有所不同。

如语文学科方面,在书面检测之外,增加了朗读、写字、课外阅读、说话(演讲)、听力、综合性学习等十个方面评价内容,在期末对学生进行语文学科评价的时候,既有本学科各个小项的评价等级,又有把这几个方面的内容整合起来对语文学科学习的综合评价。

数学学科建立了"2+6"的评价模式,"2"指两种检测手段,即综合检测和专项检测。"6"指检测学生的6种专项能力检测,即"听""说""算""写""思""用",用来探索数学学科评价新体系。同时,通过对学生在学习过程中的表现、所作出的实验报告、调查报告、心得体会等作品以及与学生的交流等情况,做好及时评价记录,形成原始评价数据,载入学生个人信息数据库。通过观察、谈话、问卷调查等方式,观察学生的课堂表现、实验、作业以及综合实践等情况,及时评价记录,实行质性等级评价。

2.采用梓橦路学校学生学业进步性变化二级评价的办法

一级评价:针对学生个人的评价。在评价主体方面,除了传统单一的教师评价,还有家长评价、学生自评、学生互评。特别是学生的自评与互评不再是过去打几颗星星那么简单,而是由学生相互进行实实在在的过程与学习效果的测评。如综合性学习评价,学生在活动后就要从参与态度、合作意识、动手能力和静心习惯四个方面对自己和同学进行等级评价;课外阅读量的考查则首先由家长签字证明,再由小班长或组长检查阅读实效情况;说话、听力、综合实践、朗读、写字的测试则是由相应优秀的5位同学组成评委组进行现场测试,再由综合教师的平时评定得出学生该项的期末等级评定。

二级评价:学校教科处在期末还要对各班各个学科整体教学质量进行监测评价。监测评价按照15%—20%的比例随机抽学生,在教科处的统一组织下测评,评价结果作为衡量班级学生整体学业发展水平和教师教育教学质量考评的参考依据。对综合艺体学科的检测评价,是与语文、数学学科同等要求和操作的。

(四)学生成长档案袋评价

成长记录是形成性评价的重要方式,每名学生都要建立了自己的成长记录袋,是对学生成长过程中的痕迹进行积累,同时也为学生的综合素质评价提供过程性材料和评价依据。

评价内容:成长记录要收集能够反映学生学习过程和结果的资料,包括学生的自我评价、最佳作品、社会实践和社会公益记录、体育与文艺活动记录,有教师、同学的观察评价信息,也有来自家长的信息,书面检测和测验信息等。包括以下内容:①学生基本情况,如姓名、性别、通信地址、出生日期、健康状况、家庭背景;教育基本情况,如所进学校、主要课程测评、一般能力等级、特殊能力倾向,获得的荣誉、个人社交和发展情况。②学生的各科学习档案,A.本学期掌握的知识和技能,一般按一个单元或一个学习主题收集资料。如单元测试成绩单、综合素质报告单。B.目前最佳作品展现,包括生成过程,如优秀的作业、作文、美术作业、摄影照片、录音或录像光盘等。C.实践创新活动的参与程度,如社会实践调查报告、研究报告乃至各项竞赛获奖证书等。D.同伴之间的观察评价,教师观察、评价及剖析,来自家长、社会的反馈信息,如学生的习惯及各类考级证书、教师的表扬或建议、学生的感想等。

评价方法:采取每期组织成长记录的交流展示的方式进行评价。并将成长记录纳入期末总结性评价内容。对成长记录的评定注重学生所付出的努力,特别关注学生的进步程度,明确改进的方向。通过对成长记录的回顾、比较,使学生学会反思,了解自己的进步,认识自己的优势和不足,明确进一步发展的目标,逐步发展自省的意识和能力。

对学生综合素质评价,一直采用档案袋评价的方式。在原来纸质档案袋评价的基础上,正在研究实施电子档案评价,通过图片、音像视频让评价更丰富生动,更具有激励效应。

(五)取得的效果

实践证明,学校所构建可感的进步性变化评价体系,在实施中正发挥着自身的功能和作用。

1.发挥评价的导向作用,促进了教师教育观念的转变

评价具有导向作用,有什么样的评价标准,就有什么样的教育行为,就能体现出什么样的教育思想。我们所建立的评价体系,引导教师全面更新了教育观念,创造性地开展教学活动。结合学校"主动练能"课改,树立了以"充分发挥学生主体地位,为学而导,因学论教,能力为重"的教学观。

2.发挥评价的激励作用,激发了学生学习的积极性

学生作为评价的主体,参与到对自己、对同学的评价过程,实际上就是一种自我认识、自我教育、自我激励的过程。实践证明,小学生完全能够公平、合理、实事求是地去评价他人和自己。进步性变化评价,避免了学生厌学情绪的产生,而且调动了学生学习的积极性、主动性,让学生获得了更多的自由发展的机会,为学生创造了培养创造力和实践能力的空间,促进了学生全面发展。

3.家长对这种评价方式给予了高度评价

我们对部分学生家长进行了问卷调查。在被调查的家长中,有93.3%的家长对我们的测评方式很满意,有6%的家长对我们的评价方式比较满意,不满意的占0.7%。一位家长在我们的问卷中这样写道:"特别是这个期末考试改革,它让家长和孩子都没有太大的压力,却取得了意想不到的效果。考试只是一种手段,目的还是让孩子学会和掌握知识,考试成绩以等级形式呈现,不必为孩子相差的零点几分或几分纠结,并且还关注和检测到了孩子的多种能力,这种形式很值得推广……"还有的家长写道:"这种方法要比传统考试方法要好上几倍。"

在实施过程中,我们也发现了一些矛盾,如全面铺开与针对性的矛盾,个性展示与集体评议的矛盾,家长学业需求和学生兴趣发展的矛盾,教师较重的工作压力与工作不断推进要求投入更多精力的矛盾等。但我们相信,

有着各级领导的关心与指导,有学校校长对此项工作的高度重视,有行政人员的倾情投入,有全体老师的积极参与,学校一定可以把这项工作做好,做实,做出成效。

(二)形成评价典型经验

实施学生综合素质评价有利于全面挖掘学生潜能,激发学生学习、成长、成才的自觉性,全面客观地认识和评价定位自身素质。学校应认真提炼综合素质评价成果,及时总结和推广先进经验和做法,加快培植评价典型,让综合素质评价行动焕发出活力,更好地推动教与学的效率提高。

第四节　建设生态

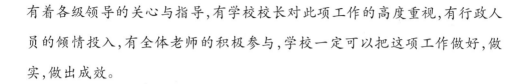

生态一词通常指生物的生活状态,指生物在一定的自然环境下生存和发展的状态,也指生物的生理特性和生活习性。"综合素质评价生态"意指充分尊重中小学生身心发展特点与规律,在全面、完善、科学的评价方式下,学生健康成长、全面发展的状态。

本节重点讨论评价结果的有效运用,在实证调查和研究的基础上,简要介绍实践努力,尝试提出中小学生综合素质评价的提升与改进,力求对当前中小学生综合素质评价提供若干有效建议。

一、利于学生发展的评价生态

全面实施综合素质评价,有利于引导学生自我认识、自我规划、自我教育,积极主动,全面而有个性地发展。全面实施综合素质评价有利于促进学校把握学生成长规律,构建适合时代要求的人才培养模式;有利于促进评价方式改革,转变以考试成绩为唯一标准评价学生的做法。全面实施综合素质评价,具体可通过指导学生自我规划与发展、促进学生知行统一。

(一)引导学生学会规划

学生规划的目的在于引导其正确认识自我,明确个人奋斗方向,教育学生摆脱依赖、学会生存,知行统一、学会学习,超越自我、学会关心,勇于开拓、学会创新。通常,我们可以通过引导学生学业生涯规划,引导学生增强自我教育、自我管理的能力,为个人未来发展奠定基础。老师、家长需要引导和帮助学生做出科学的学业生涯规划,激发学生学习兴趣,让他们学有目标、有榜样,让学生生活充实、精彩、有意义。

规划,就是个人或组织制定的比较全面长远的发展计划,是对未来整体性、长期性、基本性问题的思考和考量,是设计未来整套行动的方案。规划,就是在考虑各种可能性之后,形成一个希望达到的目标,根据目标制定行动计划,依照行动计划,在执行中不断修正的过程。生涯规划不是一个直线性的活动,它是一个不断重复、更新的过程。规划具有这样的特性:第一,规划是面向未来的。第二,规划是一种从思考到行动的过程。第三,规划不是一成不变的,如果出现了新的情况和新的信息,就要对规划进行调整。

学生规划,应针对学生的年龄特征,把握学生规划的发展性原则,制定小学中高年级的学习规划、初中生成长规划、高中生生涯规划。学生的成长规划,是一个人成长的目标和人生航向,为自己的成长指明方向。比如一个高一新生的成长规划,应为自己高中三年做了详细的计划,同时也应指明了奋斗的方向。

中、小学生作为国家未来的建设者和接班人更是国家和民族的财富。

因此,加强学生的自我规划,对他们进行理想信念、道德法制、心理健康、民族精神等方面的主题教育,有利于学生更好地认识自我、完善自我、超越自我,有利于他们树立正确的世界观、人生观、价值观,从小立志努力学习现代科学文化知识,使他们胸怀宽广、思路开阔、目光远大,奋发向上,为振兴中华贡献自己的力量。

据调查,很多成功人士理想的确立都是在中学阶段,可见在中学时帮助孩子树立理想、规划未来是很有意义的。很多家长在孩子面临中考、高考时才开始考虑将来自己的孩子能干什么,临时抱佛脚的行为总会留下很多的遗憾。除了父母,对一个人影响最深远的人应该是老师,老师有责任向学生传授职业规划、人生设计的知识。我们应该将这些知识增加到今后的教师培训内容中去。其中,生态的综合素质评价便能够引导学生学会规划。

评价过程导向学生完善规划,不断发展自我。学生的成长需要学校、家庭、社会的指引和评价帮助,其中学校综合素质评价又是指引学生成长规划,完善规划的重要评价之一。每学期末,通过学生自评、小组评价、教师评价和学校评价,综合形成学生个人《综合素质学期评价表》。让学生根据评价指标,及时发现自己存在的问题,"重塑"自我,找到自己发展方向,并调整和完善自己的成长规划。学生的规划是指导自己成长的有效航标,他有长期规划、短期规划之分。长期规划是对学生成长的全面导航,短期规划是让学生明了眼前发展的目标。综合素质评价中让学生建立自己成长记录档案,有效地记录自己成长过程中的点滴内容,是否跟自己的规划同步,这就是帮助学生完善规划中是否需要修正的地方。建立成长记录袋记录学生成长的过程,学生可以收录反映学习进步的重要资料,如自己特有的解题方法,最满意的作业,印象最深的学习体验,探究性活动的记录,发现日常生活中存在的问题,对解题的反思,单元知识总结,典型的错题记录,自我评价或他人评价等。这样就会让学生有计划、有目的地规划自己，完善自己，指导自己。成长记录袋的内容可以包含学期开始、学期中和学期结束三个阶段的学习材料。既让学生感受自己的不断成长与进步，培养学习的自信心，同时也为教师全面了解学生的学习状况，改进教学，实施因材施教提供重要依据。综合素质评价档案的建立，有利于培养学生对自己的学习进行监控的能力和负责的态度，有利于让学生对自己规划的不足之处进行提升和调整完善。它向学生传递的信息是，人生需要规划，学习的过程才是最重要的。这将有助于激发学习热情、增强学习动力、培养良好习惯。

评价中规划自己的成长是关注教育的过程和方法，着力于人的情感、意志、态度的激发和价值观的形成，是以人为本的思想指导下的科学评价方法。它有助于教师和家长多角度、多层次、更全面地了解学生，比较全面、客观准确评价学生，有助于学生个性发展，有助于学生自我激励、自我反思，有助于学生、家长、教师之间的相互沟通，达成教育主体的相互理解与支持，增强了教育的内在活力与外在合力。这对推进学校的新课程教学改革、推动学生综合素质的提高和个性特长的发展起到了积极的作用。学生利用规划，能有效地督促自己成长，做到有目的、有计划、有步骤地完善自己的学生生活，也同时对自己实践成长中起到指导、完善作用，弥补自己的不足，警示自我不断明确自己的发展目标。

评价结果督促学生提升规划，不断提高发展。学生本人要登记"品德发展""情绪与行为控制力""人际沟通情况""自我保护能力""学业发展""兴趣爱好""优势学科""其他特长"和"实践创新"等方面的典型表现、事迹和校级及以上荣誉；在"反思改进"栏登记自己的行为习惯、生活方式和学习方法等方面的不足；在"学生意见"栏对是否同意教师评价和学校意见进行表态。评价不仅要关注学生学习成绩，而且要发现和发展学生的多方面的潜能，了解学生发展中的需求,帮助学生认识自我、建立自信。教育的价值在于促进人的全面、主动、持续发展,而发展的重点是人格的完善与学习动力的不断再生。学生综合素质评价的内容是决定学生终身持续发展的基础性目标,把道德品质、公民素养、交流与合作、研究性学习能力、审美与表现、运动与健康确定为学生综合素质的六大内容,把对学生的评价从单纯的知识能力的考查拓展到对学生全方位的考查。"研究性学习能力"的测试触及到了目前基础教育领域学生创新意识和实践能力缺乏的薄弱环节,侧重考查学生"发现问题,探究问题,解决问题"的可持续发展"学力"。让学生经历自评、互评后,反思自我、关注他人,从而进一步了解学生合格毕业生的基本标准,帮助学生学会生活知识,掌握生存技能,领悟生命价值,成长为全面发展的时代新人。

综合素质评价更强调培养学生的学习能力,让学生看到自己的长处,增强人生的自信心,塑造健康的人格,这是应试教育无法做到的。那些学业成绩不出色的学生在综合素质被评为A等后,自信心溢于言表。通过综合评价,让学生审视自己,看到了他人心中的我,知道自己该怎么做。例如下面这个案例就通过学生的变化体现了评价对孩子的成长帮助。

【示例】他越来越热心公益

我们学校四年级的小朱同学是一个老实、懂事的同学,但是生性胆小,不能勇敢展现自己,学习上虽认真但成绩平平,生活中虽懂事但与人交流胆怯。综合素质评价以来,渐渐地他找到了自己的自信和努力的方向。一些事能勇挑重担,平常也愿意积极参加各项活动,性格变得开朗、活泼了,能勇于承担起班集体的许多事务。例如,学校要求各班主任每个学期都要求学生进行综合实践活动,而小朱是班上积极的学生之一,在2012到2013学年第二学期学校组织的综合实践活动中,在社会实践评价一栏,他这样进行自我评价:"我认为自己表现还可以,但还需做更多有意义的事,我认为自己应该继续参加更多有意义的活动,虽然很辛苦但我觉得有价值,我感到很高兴,我会继续努力。"可见,通过这样的实践和评价,学生本人也受到很大的激励。(叙永高峰中心校王寻)

(二)督促学生知行合一

学校是育人的地方,培育人不仅仅是知识的掌握,更重要是动手、实践、创新的能力。利用生活小事和各项活动让其明确活动的目的和指向性,以此形成先分析、积极定向,再行动,有意而为,才会有做事学习的完整性和条理性。

现在的孩子往往是"知识一大套,实践做不到"。知行统一原则反映了社会主义教育目的和要求。知行统一要求学生言行一致,帮助学生正确认识自我,培养学生的社会责任感,这是德育的原则之一。

综合素质评价导向实践行动,促进学生知行统一。具体而言,知行合一是指古代哲学中认识和实践的命题,是关于道德修养、道德实践方面的内容。综合实践评价督促学生知行统一,增强学生实际解决问题的能力。可以从这几方面着手:第一,培养角色意识。通过综合素质评价培养学生的角色意识,让学生明白是学生就有学生职责,就应有所作为,学生本分就是努力学习,自觉守纪,品德优良,做一个尊重老师同学的人。第二,诚信教育。先讲好,制定好规矩,老师学生必须遵守,让自己知道什么该干,该怎么干并做到诚实守信,表里如一,言行一致。第三,培养责任意识,形成正确人生观。利用综合素质评价让学生明白自己该做的事情必须自己做,并要做好,自己犯的错要敢于承担后果,这是对人生的态度,对人生负责任的态度。第四,开展多种实践活动,利用好"第二课堂"形式多样、灵活性大的实践活动向学生弘扬传统美德,做到知行合一。作为学生必须积极投身实践,在实践中锻炼能力,增长才干,这是实现人生价值的必由之路。学生必须在实践中不断探索、及时总结在人生发展过程中成功和失败的经验教训,在实践与认识相互作用和统一的过程中体验成功的快乐,这是实现人生成功的必然要求。为此,建立科学的人才评价体系——也就是综合素质评价,是督促学生做到知行合一的重要因素。评价应该充分考虑其综合素质,如思想道德状况、学习能力、交往合作能力等。这样的评价方式包括:(1)学生自我评价。学生应对自己作出自我评价,这是学生获得过程性评价的主要组成部分。学生的自我评价,可以尝试用成长记录袋、学习记录卡等形式呈现。(2)学生课堂学习表现记录。教师要把评价策略与教学过程作为一个整体,采用不同的评价策略。学生课堂学习表现记录是其中一种由教师实施的策略。(3)学生小组互评。以日常授课时形成的学习小组为单位,对本小组内各成员在参与学习过程中所表现出来的学习态度、参与程度、与小组其他同学的合作精神、对所学知识与技能的掌握和应用程度、对小组探究学习或合作学习所做的贡献等方面给予评价,使其成为学生获得过程性评价的一个重要组成部分。(4)其他相关人员的评价。如家长、社区群众等,若有对学生作出相关评价的,学生可提交这些评价,也可以作为学生获得过程性评价的一个参考组成部分。学生的知行统一需要评价作为导向,在实践行动中完善自我,做到规划与实践的统一。

【示例】评价改变了孩子的成长

四年级一班二号"调皮王"黄欣,以前一下课就捉弄同学,老是有同学告他的状。他为了挣表现得奖章,"承包"了午餐后收盘子的活儿,主动当上了劳动委员。得到老师和同学的赞赏他的书写也进步了,还被评为小书法家。2016年春期,他被评为班级明星。语文数学都考上了90分,被评为语数之星。

这样全面地评价带给孩子们的是信心,是战胜困难的勇气……同学们不再瞧不起这些成绩差的孩子。虽然他们成绩差,可是品德或其他方面很好。他们学会用欣赏的眼光看待同学。我看着孩子们一个个发生的转变,从心底里高兴。班上正有几个"调皮王"因为个性特长突出,有时会令其他孩子们刮目相看。"调皮王"们在同学和老师赞赏的目光中进步了,我看到了评价带给他们的成长,评价在教育中起了重要作用。(泸州市龙马潭区鱼塘镇中心学校李霞)

孩子的成长不仅仅在课堂上,也是在课堂外的延伸之中,让孩子在成长中学会言行一致,知行合一是每个孩子品德教育中不可缺少的,更是孩子成长路上必须的素养。

综合素质评价搭建"三结合"育人网络,促进学生知行统一

评价有利于构建学校、家庭、社会紧密协作的教育网络,动员社会各方面共同做好青少年的教育工作。同时构建学校、家庭、社会紧密协作的教育网络,能够促进学生的知行统一。学校指导学生,提高认识,掌握基本评价方法,正确使用评价的工具。学校德育处每天组织学生对评价要素的部分内容进行日评,每天观测,并把观测到的进行登记,每周一公示,班主任收集好资料,把它放入班级成长档案袋里;学生的自评互评表的评价周期为周评,学生对自己以及同学在日常生活中的表现,对应行为检核表,进行相应的评价,每月汇总一次;家长评价表的评价周期为每期评一次;教师对学生的公民素养监测,由学校统一组织时间进行。这样形成学校、家庭、社会紧密协作的评价体系,形成育人网络,促进学生知行统一。"三结合"育人教育网络的搭建,促进青少年知行合一、德才并进、全面发展,需要学校、家庭、社会共同重视和支持;提高全民素质、建设和谐文化、培育文明风尚,更需要学校、家庭、社会紧密协作。

【示例】纳溪龙车镇中心小学将学校、家庭、社会三位一体评价综合密切地运用在一起:四个评价主体分别从不同时段、不同内容对学生进行了评价,班主任组织任课老师和学生,做好学生的评价数据的收集。班主任利用之前建好的班级电子档案袋,将学生的不同评价数据输入文档,文档通过自动计算,最终每个学生形成一个数据,每个班级一个电子档案。上传至学校共享云盘,学校能够对其数据进行抽查和监测。对学生公民素养评价,重在促进学生的素养提升,其评价结果只出现在学校的这个表上,目的是分析学生素养方面存在的问题和差异。分析数据反映出来的原因,撰写报告,找到能评价学生素养的工具和操作模式。具体分析:(1)每一个学生个体在四个维度上存在的差异及其原因;(2)个体与个体之间在四个维度上存在的差异及其原因;(3)班级与班级之间在四个维度上存在的差异及其原因;(4)不同年段的学生存在的差异及其原因。

(三)指导学生反思自省

促进学生发展的评价实践,基于学生的可持续发展,包含品德发展、身心健康、学业发展、个性特长、实践创新共五个指标,利用科学的手段和方法,对学生做出全面判断。综合素质评价,既能让学生反省自己的学习成就和进步,激励自己努力学习,又能诊断在学习中存在的困难,及时调整和改善学习方法;既能帮助学生认识到自己在学习习惯上的长处和不足,又能使学生形成正确的学习预期,形成对学习的积极态度、情感和价值观,帮助学生认识自我,树立信心,成长为适合社会发展的多元人才。

1.学生自主发展与自我反省

中小学生自我发展,就是学生主动前进的发展趋势,这与学生的自我评价有密切关系。学生的自我评价促进学生的自我发展。学生在自我评价后，更加准确地认识自身的发展状态以及未来的发展前景，他们不断自我反思，自我设计、自我调适，积极地向评价指标的方向发展。

2.评价指导学生自我反省的策略

过程的形成性评价是面向"未来"、重在发展的评价，有利于帮助学生认识自我、建立自信，并激发其内驱力，促进学生在原有水平上获得发展，实现个体价值。综合素质评价，注重过程评价，目的是让学生、教师和家长能够直观的看到学生成长过程中的表现。

学生的自我评价，有助于自我反思，自我调整和自我提高。老师按要求向学生提出综合素质评价方案，让学生自己对照条文，自我调节与反省。他们可以通过拟定计划，生活实践，把自己所取得的成绩与存在的不足进行反思，行笔成文，建立自己的档案袋。设计一个综合素质评价表，定期进行自我评价，把所获得的奖励归档留存，对于不足之处加以修正。如果是低年级学生，尚未有书写文章的能力，老师可以灵活制定一些表格宣读让他们自己对照，以打钩打叉的形式进行评价，培养他们学会自查自纠，形成良好的习惯。

【示例】泸州市合江县人民小学使用《学生成长记录袋》，记录学生的发展足迹，为学生的自我反思提供可靠的参考，适合学生个性的发展，亦能促进其全面素质的不断提高和发展。记录袋内容包括：学生个人基本信息、学生获奖证书、学生个人规划内容、《学生素质报告册》以及《学生综合素质评价表》。

通过对收集的资料进行合理的分析和推断，便反映出学生在学习与发展过程中的优势与不足，反映出学生在达到目标过程中付出的努力与进步，并通过学生的自我反省，激励学生取得更高的成就。记录袋就本质而言，乃是学生在某一时间内的知识、技能、能力、情感、态度、价值观等方面的真实呈现。班主任教师期中、期末组织两次集中展示，进行交流与评价，综合学生、教师、家长的评价,写出评语。结合资料的收集情况,学生本人的纵向发展,将学生发展情况分为A、B、C、D四个等级。

(四)着眼跟踪改进

综合素质评价从多元、多角度地对学生进行全面的评价。科学的评价指标体系,为综合素质评价提供了横向和纵向的数据。综合素质评价生态,科学系统地评价学生的素质,为学生、教师和家长对于学生的成长跟踪提供有力的参考。

1.评价提供跟踪改进的形式及内容

评价提供跟踪改进的形式可以分为个案跟踪、系统跟踪和单位跟踪等形式。

个案的跟踪,可以了解学生的全面素质状态,了解学生素质发展的过程。针对个案,学生在校的表现情况要及时与家长联系,同时与学生沟通、谈心,了解学生的现状,给予关心。注重平时对学生的关注,对所犯错误及时纠正,利用集体的温暖影响学生,用心对待。

系统跟踪,可以了解不同阶段学生的发展状况,评价其总体发展的程度,同时更新制定新的评价指标。对学生进行系统、全面地了解,了解不同时期该生各方面的发展状况,继而进行综合的评价,让学生全面了解自己的发展,做到有计划有目的地提升、完善自己。

单位跟踪,可以分析各地区的学生素质的差异,有利于了解地域差异对教育的影响,促进教育公平的进一步实现。利用各地区的学生成长档案记录数据,综合分析地区学生的成长差异,从而制定有利于本地区学生评价的体系。

对于个案跟踪,了解学生的全面发展很重要,有效地引导学生健康、阳光发展是这一方式的根本任务。比如下面这个案例：

【示例】学生成长个案——做学生的"读心人"

初见小芹，阳光、大方、爱文艺、组织力强、很有号召力，父母引以为豪。由于人缘好，受同学的喜欢，父母出于担心，改变了教育方式，限制了她的文艺活动，专心搞好学习。进入高中，因有父母嘱咐，把文娱委员给了与小芹同票竞选的一男生。后来，小芹变得沉默寡言且课上答非所问，成绩直线下降。找她交谈以沉默应付。反映给父母，他们认为是管理不到位，监管更严。面对父母的沉重压力，小芹期末考试成绩掉到了后面。

我终于在她一篇周记里发现原来是父母的过分管理和干预增加孩子的压力导致学业下滑。我抓准时机和她聊起了业余爱好，摄影、唱歌、听古典音乐，继而谈到了穆特、俞丽娜、吕思清。这打开了小芹的心扉，她谈到了梦想和苦闷，谈到了班干部竞选时对她裁决不公的不满。

我告诉了她父母问题所在，她妈妈答应做出改变，全力配合我的工作。我跟文娱委员商量，安排"天天唱"由小芹来教大家，黑板报的绘画和设计也由小芹做。在后来的综合素质评价中，同学们给予了她很高的评价。小芹渐渐活泼开朗起来，阳光自信的小芹又回来了。期末考试成绩也进入前15名。高二上期小芹以高票当选了文娱委员。

高中生自我意识虽不稳定但已增强，渴望别人了解、尊重和认可。一旦发生"自我"与环境的冲突，易变得自卑。是的，小芹渴望尽情展示自己，得到肯定，渴望自信阳光。可父母的干预，让她失去展示自我的平台，这样的日子，对小芹来说太暗淡了！学生是嫩芽，是花朵，渴望阳光雨露，渴求肯定，这是人的本质中最迫切的需求。读心有术，教育有方，作为一名教师应该扮好学生的"读心人"这一角色！

通过这一案例体现了孩子成长路上评价跟踪的重要性，有了同学们的高评价,激活了小芹开朗、阳光的源泉,促进她健康、快乐地成长。同时多种跟踪形式结合使用,评价结果更加客观准确。个案跟踪与系统跟踪结合使用,更加准确地了解学生的素质发展状态。

2.评价提供跟踪改进的策略

评价学生不仅仅停留在对学生分数的评价上,而应该综合评价,在评价过程中跟踪学生的发展变化,促进其更好地全面发展。综合素质评价提供跟踪改进的策略,而跟踪改进具有监测性,根据综合素质评价提供的数据进行监测和分析;具有阶段性,每一阶段的结果只能体现这一阶段的评价,因而综合素质评价要进行递进式的评价;具有及时性,能够把握评价中的重要因素,及时提出切实可行的改进意见;具有动态性,由于跟踪改进是一种反复进行的跟踪和评价工作,所以它具有很强的动态性;具有反馈性,跟踪改进目的在于提供反馈信息,为教师评价服务,为学生成长提供依据和指明方向,因而有反馈性存在。完善的跟踪改进流程与策略可以使学生的成长过程得到保障,这一评价过程确定为:计划、实施、审查评价和反馈。(1)计划,就是对跟踪的对象制定评价计划,以便老师在对学生评价过程中收集资料,同时成立评价小组,制定评价制度。(2)实施,跟踪改进的实施阶段主要是阅读综合素质评价提供的内容和数据,收集资料,开展调查,预测问题等。(3)审查评价,由老师对跟踪改进的学生进行考查和指导,看在评价实施过程是否准确,以及存在的问题和下一步发展的方向等。(4)反馈,跟踪得出评价结果后应形成评价成果并及时推广,指导学生全面发展的方向。

二、利于教育改革的评价生态

学生综合素质评价对教育改革的促进作用主要包括助推课程改革、助推招生改革和助推评价改革三个方面。

（一）助推课程改革

近年来，课程改革与考试评价制度的改革是推动素质教育取得突破性进展的核心与关键，亦成为教育及社会各界关注的焦点，而学生综合素质评价又是评价问题的重中之重。《基础教育课程改革纲要（试行）》强调"评价不仅要关注学生的学业成绩，而且要发现和发展学生多方面的潜能和需求，促进学生在原有水平上的发展。"而在实际教学中，学校教师在工作中受传统观念的影响较深，对学生的评价方面又受到种种现实教育教学环境的制约，对学生综合素质的评价出现了重视学科知识，而忽视了良好习惯、实践能力、创新精神、心理素质以及情感、态度等这些基础性目标的考查。原有评价方法过于单一，一般为等级评价（分数高低）和综合性评语。这样难以全面评价学生的各方面发展水平，过多强调共性和一般趋势，忽略了个体差异和个性化发展的价值，偏离了评价的真正目的——促进发展。随着课改工作的不断深入，通过对学生综合素质评价方法的研究，素养教育越来越受到广大教育工作者的重视。它目的在于培养、训练和实践人后天的良好素质，是唤醒学生主动成长、向上发展的本能和才华的实现模式，以实现让每一个孩子享受快乐成长的教育。而课堂是实施教育的主阵地，"素养课堂"因此成为积极倡导的高效优质的课堂教学模式。由此可见，全面素质评价对课程改革起到了推动作用。其助推作用主要表现在关注学生综合素质全面发展的德育工作，落实学生综合素质有效评价的教学改革工作，课程教学结构改革中综合素质评价的评价实践之上。

(二)助推教学结构改革

教学改革应该以"学习活动的设计、展开与落实"为切入点和抓手,课堂教学要以"教的活动"为基点,转向以"学的活动"为基点,目的是培养学生的核心能力。课堂教学改革一方面是从不颠覆课堂开始,也可以从改进教学入手。在不涉及课程的大调整,不涉及教法的大改变,不涉及教学常规的大变化的前提下,切入口小、精确度高、操作性强,又便于调整、容易入手,所以能取得不错的效果。另一方面是重建教学,是对课程、教研、评价等涉及教学及管理的内容进行重组,这种重组的实质是教学价值观的重建,是课堂教学的深度变革。课堂教学改革的基本模式是先学后教,精讲精练,突出主体。(1)先学后教:先学,是指在教师指导下,学生课前预习和课中自学;后教,是指在学生先学的基础上,教师适当的点拨、解疑、归纳和总结。(2)精讲精练:学生的自学、教师的讲授、学生的练习大致各占三分之一。(3)突出主体:课堂上,要突出学生的主体地位,教师要由传授者转化为促进者,由管理者转化为引导者,由居高临下转向"平等中的首席"。

在教学改革中评价是小组合作学习不可缺少的一环,它尊重和保护学生自主合作、大胆探究的积极性。因此要注重让学生在合作学习中开展学生自评、学生互评和教师评价。

学生自评。评价主体是学生,评价的对象也是学生,教师应放手让学生自主评价,学生思考自己在整个活动过程中的表现,谈认识,谈体会,谈收获,明白在学习过程中的不足和今后的努力方向。自评不仅反映出学生在学习过程中的情感、态度、困难和经验,还反映出学生的学习情况。这使学生全面了解自己的学习过程,感受自己的不断成长和进步。

学生互评。在自评的基础上,小组成员间还应相互评价。主要从参与是否积极、合作是否友好、工作是否认真负责等方面进行,要求小组成员之间相互找出优点和缺点,再由小组长根据大家的意见,记录评价结果,最后交给任课教师。互评目的是在同学之间形成良好的心理环境,营造团结合作、互相勉励、共同营造氛围。

教师评价。教师要尽力让学生感受和体验成功和收获的乐趣。教师重视学习过程评价的同时也要重视学习结果评价。对表现好的小组和个人要经常给予一些奖励,培养学生的团队精神。

评价时一定要坚持自评、互评和综合评定相结合。教师的评价对激励学生的参与合作,提高合作学习的质量有着十分重要的作用。因此教师的评价一定要有鼓励性、指导性和全面性。教师要注重个人评价和小组集体评价相结合,也要重视对后进生的鼓励,对表现突出的小组和个人及时给予充分肯定。

改革是使素质教育获得突破性进展的核心与关键,亦是教育及社会各界关注的焦点,而学生评价又是评价问题的重中之重。评价不仅要关注学生的学业成绩,而且要发现和发展学生多方面的潜能和需求,促进学生在原有水平上的发展。

推行综合素质评价改革下,"素养课堂"教学模式对学生而言既能诊断自身综合素质发展的状况,又能找到努力的方向;对教师而言,能够客观地检验自己的教育教学效果,并能寻找到教育教学改革的途径;对学校而言,能够比较客观准确地评价学生的综合素质和教师的教育教学的效果,进而促进学生的全面发展。下面这个案例中,课堂生动、有深度,充分展现了综合素质评价下对课堂教学的影响与促进。

【示例】找准探点,激发学生学习激情

在课堂教学中教师应找准探点,小组展开研究时,教师是小组学习的参与者和引发者,但教师的发言不带任何指令,不能打断学生的思路,要在认真倾听的同时,顺应学生的思维接上"话茬",高于学生的思维进行"引导",从而激活学生的创新思维。例如在"长方体体积的计算"一课的交流汇报时,教师针对巡视中各组的探究成果,机智构思后,课堂上展现了这样的交流评价层次,甲组:"我们在长方体两个侧面上,都摆上体积单位的小正方体,先求出一个面上的块数,再乘上另一个面上的排数,就是这个长方体的体积。"乙组不赞同甲组算法:"我们小组与甲组排法相同,但算法比他们快,我们是先求出下面一层的块数,再乘以层数。"丙组:"我们组比他们都简便,测量时不用在两个面上都排满,只沿一个顶点上的三条棱长排满小正方体,也就量出了这个长方体的长、宽、高。计算时,长(数)×宽(数)×高(数)=长方体的体积,我们的方法可以计算所有长方体体积。"其余的小组都被丙组的汇报折服了。师生对这组精彩的汇报给予了热烈的掌声。因此,做好全班交流评价的过程,有着对小组合作学习"画龙点睛"之功效。但是,全班交流评价的过程却是无法在课前预成的。然而,高质量的交流评价过程却又不是自然随意生成的。所以,做好全班交流评价的过程,不仅需要教师的教育教学机智,而且更需要教师在课堂中即时实施精当的"二次引探教学"。(泸县天兴小学武良)

(三)助推德育工作改革

道德品质作为评价体系中的基础性发展目标,在全面素质评价中占有相当的比重,是工作的重要内容。综合素质的评价实践,关注学生综合素质全面发展的德育工作,对教学中德育工作的改革创新提供可靠的参考依据。将综合素质评价与学校的德育常规管理结合起来,为学校注入新的活力,优化了原来的教育环境。综合素质评价不仅约束学生遵守各项规章制度,同时激励学生更好成长,让学校德育健康发展。同时综合素质评价引领学生价值观建设,这是学校德育的本质,利用综合素质评价的平台,引导学生树立正确的价值取向,比如泸州市开展的"诚信教育"就是引导学生树立诚实守信、知行合一的优良品德。在评价指标中,品德发展方面有四个评价指标,包括理想信念、行为习惯、公民素养、人格品质。以社会主义核心价值观、义务教育课程方案和相关学科课程标准、普通高中课程方案及《中小学德育工作规程》《中共中央国务院关于进一步加强和改进未成年人思想道德建设的若干意见》《中小学生守则》《小学生日常行为规范(修订)》《中学生日常行为规范(修订)》《中小学文明礼仪教育指导纲要》等文件为评价依据,以"泸州市中小学'开展感恩教育,争做新时代雷锋'三年行动计划"、泸州市中小学生"屈原魂"传统诗词创作大赛、中华经典诵读进校园、组织评选泸州市十佳少年、泸州市十佳留守儿童等系列活动为依托,针对"行为习惯""公民素养""人格品质"和"理想信念"四项关键指标,形成评价量标,通过设计情境观察、问卷、采集原始数据等方法,进行数据分析,检测评价学生品德发展水平。

【示例】感恩教育——懂得感恩

东岭小学以"感恩教育"为德育教育的切入点,对全体学生全方位地实施"感恩教育",精心培育学校"感恩文化",使"学会感恩与爱同行"之情感生根、开花、结果。学校在开展这一系列活动时,充分利用综合素质评价这一平台,让学生真正地参与其中。把学生所写的《感恩心录》建在成长记录袋里并进行相互间交流,让他们懂得"感恩"不是一种形式,而是在实实在在的生活中,这样促进孩子用一颗感恩的心面对社会,回报身边的人。利用班队活动进行"十佳孝心学生"评比,这是综合素质评价对学生的提升产生的影响,让评价这一多元、内容开放的方式引领学生明白"孝心"的重要性,孝心不仅仅是说说而已,而是要付诸实践当中来。综合素质评价还引领了一系列活动,如开展感恩演讲比赛、黑板报、手抄报比赛等。从感性的品评,到理性的思考,再到心灵的碰撞,让孩子们经历了深刻的体验过程,心中不禁蓄满了深深的感恩情结。学生体验了亲情、增进了友情、学会了感恩。激发了学生的爱心和责任,学生进一步懂得了一个人对社会、对父母、对亲朋好友要永存感恩之情,永怀感恩之心。(东岭小学李永利)

在进行德育评价时,既要关注学生的学习结果,更要关注在学习过程中学生的情感、态度、行为的变化,对学生进行多元评价,将形成性评价与终结性评价相结合,以最终促进学生综合素质的提高,激发学生成长的动力。

(四)助推招生改革

学生的综合素质评价为学生的全面素质做出了较为客观和全面的说明,学生的各项能力发展的水平有了客观指标,学生发展的优势和劣势更加生动地展现在教育者、学生和家长的面前,为学生的未来发展提供可靠的参考依据,教育者、受教育者及家长为学生未来走向的判断和抉择有了客观的指标。

1.提供招生参考依据

教育部提出今后在初中升高中和高考录取过程中把学生综合素质表现作为其择优录取的参考之一。这说明教育部门在未来不再以成绩为唯一标准作为招生的参考。综合素质评价是一项有生命力的制度,在近年来的大学自主招生中发挥了一定的作用,为高校选拔了一大批符合自身人才培养目标的考生提供服务。可以预见的是,在自主招生参考综合素质评价的基础上,高校将进一步积极扩大综合素质评价适用的范围,例如探索建立学业水平测试、综合素质评价和高考"三位一体"的多元化招生考试评价体系等。

综合素质评价有利于推进中小学升学考试与招生制度改革。在已普及九年义务教育的地区,公办学校实行义务教育阶段就近免试入学,民办和各类进行办学体制改革的小学、初中也不得以考试的方式选拔新生。综合素质评价是对学生全面发展状况的观察、记录、分析,是发现和培育学生个性的重要手段。将综合素质的评价结果作为学生毕业和升学的重要参考,有助于转变以考试成绩作为唯一评价标准的做法,促进人才选拔从只看"冷冰冰的分"到关注"活生生的人",促进学生全面健康发展,提高自身综合素质。

【示例】在上海、浙江新高考中,有"三位一体"综合素质评价录取改革,即部分高校拿出一定招生名额进行"三位一体"招生,按高考成绩、大学面试考查成绩、高中综合素质评价三方面因素评价录取学生。在"三位一体"招生的申请、学校面试中,综合素质评价会发挥作用。2019年,浙江省省内有49所高校进行"三位一体"招生,上海则有11所高校进行综合素质评价录取改革。

2.促进高校自主招生

高校自主招生的主要对象是具有学科特长和创新潜质的优秀学生。一般来说参加自主招生的考生可划分为以下三类:高中阶段学习成绩优秀、品学兼优、综合实力强或取得优秀荣誉称号的高三毕业生;在一定领域具有学科特长,在各类比赛及竞赛中获得奖励的考生;高中阶段在科技创新、发明方面有突出表现并获得奖励的考生。

综合素质评价实践有利于完善和规范高等学校自主招生,根据国家统一部署,2015年起,推行自主招生安排在统一高考以后进行。相关高校依据高考成绩和学校自主考核情况,并参考普通高中学业水平考试成绩和高中学生综合素质评价信息,选拔具有学科特长和创新潜质的优秀学生。自主招生测试一般分为笔试和面试(部分高校只有面试)。无论是笔试还是面

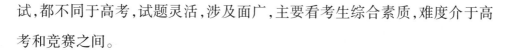

试,都不同于高考,试题灵活,涉及面广,主要看考生综合素质,难度介于高考和竞赛之间。

3.有利于教育公平

教育部等五个部门印发的《关于进一步减少和规范高考加分项目和分值的意见》要求,"加强加分考生资格审核,加强加分考生资格信息公示,完善违纪举报和申诉受理机制等。"为了进一步规范和减少高考加分项目,在公布高考改革方案的24个省份中,大多数省份明确,将严格对高考加分进行管理。根据国家统一部署,各省大幅减少、严格控制高考加分项目,确有必要保留的加分项目,合理设置加分分值,并按照国家有关规定执行,规范各类考试加分项目办法,逐步将高考加分的激励导向功能转移至学生综合素质评价之中。

三、利于质量提升的评价生态

全面综合素质评价,为教育决策提供参考依据,为改进教育方法提供帮助,引导社会正确评价教育,促进教育质量的提高。

(一)提供教育决策参考

教育行政部门把教育质量综合评价结果作为完善教育政策措施、加强教育宏观管理的重要参考,有利于其把握现状,为教育管理与决策提供参考。综合评价结果为教育行政部门、教育研究人员、校长、教师提供了丰富的数据信息,把综合素质评价结果作为一份全面的教育质量体检报告,从而做好诊断、改进和提升工作。

综合素质评价直接对教育结果——学生的发展状况进行考查,评价结果能有效说明区域的教育质量状况,并能反映出教育过程、教育投入等方面的问题。区域教育行政部门可依据评价结果分析学校师资、资源、管理等方面的状况和问题,明确教育管理的着力点,对薄弱领域和环节采取有针对性的改进措施。

根据综合评价结果分析各区域、学校的优势特色和存在问题,对在办学中存在困难的学校,指导其分析原因、研究对策,并给予政策、经费、人员等方面的扶持,帮助学校整改,并对整改成效进行追踪、检验。

将综合评价结果与国家、省、市的相关政策规定进行对照,了解政策措施的落实效果。可着重对本区实行的教育工程、项目成效进行分析,检验经费、政策的效果,必要时进一步调整方针、政策,确保其取得实效。

(二)帮助改进教育方法

综合素质评价结果能够诊断问题,为教学改进提供依据。教育行政部门要指导学校正确运用评价结果,针对综合评价中发现的问题,采取积极措施改进教育教学,发挥以评促建的作用。

分析学生发展存在的短板,加强薄弱学科和领域的课程教学和师资建设。综合素质评价涉及学生品德行为、实践能力、体质健康、审美修养等多个方面情况,通过综合素质评价能全面诊断学校的教育教学水平,发现其中的薄弱领域和环节,从而为下一步改进提供依据。

分析学生学习时间投入与产出成效,推广"高质、低负"教学经验。综合素质评价既关注学生的学业产出,也关注其时间投入、学生的学习压力和感受,要将两者相结合,倡导"高质、低负"的教育教学模式和经验,提高课堂教学效率,使学生以轻松饱满的状态投入到日常学习中。

通过综合素质评价结果的纵向追踪,检验教育教学改进成效,调整教学策略。通过开展持续、稳定的综合评价,比较各个区域、学校在不同年度的进展与变化,分析其存在问题与改进成效,对进步明显的区域和学校予以表彰和经验推广,并指导学校深入分析评价结果调整教育教学策略。

通过综合素质评价,克服把学业成绩作为教育教学唯一目的而造成的教育价值观偏移。从过度追求现实功利转向追求教育对人的发展的价值,从过度注重学科知识成绩转向全面发展的评价。

【示例】综合素质评价促进学生全面发展

在课程改革实验工作中,围绕基础教育课程改革目标。实施促进学生充分发展为目标的综合素质多元评价办法,取得了初步成效。

一是构建学生综合素质多元评价指标体系实施新课程,深化评价改革,形成科学的评价指标体系,建立了中小学生综合素质发展水平评价的三级指标体系。一级指标主要包括心理素质、科学文化素质、身体素质以及兴趣特长表现。二级指标主要根据各年龄段学生特点,具体设定评价项目,突出学习兴趣、学习态度、学习方法、学习能力等目标要求。三级指标主要是指评价细则及关键表现,这是对二级指标中评价项目的细化和分解,分为"好""较好""一般""不足"四个等级,以便评价操作。

二是改革学生综合素质多元评价的操作模式,大胆创新学生综合素质多元评价的方式方法,初步做到了评价目标多维,体现学生综合素质的全面发展;评价主体多元,学生、教师、家长共同参与;评价形式多样,访谈、问卷、检测相结合;评价时空开放,允许学生要求暂缓评价或提出复评,形成了具有特色的学生综合素质多元评价操作模式:(1)建立成长记录袋,全面记录学生的成长轨迹;(2)设立快乐展示台,充分展示学生的素质优势;(3)建立综合素质报告书,全面反映学生的整体素质。

三是完善学生综合素质多元评价的保障机制,综合素质评价是提升课程改革整体水平的基础工程。从组织领导、督导评估、信息技术、专题研究等方面,加强制度建设,为综合素质多元评价提供了强有力的支持和保障。

影响教育方法改进的学生评价实践

学生综合素质评价实践,对教育方法的改进提供直接的参考。泸州市学校根据评价结果开展"师生关系"的专题研训活动。

【示例】泸州市在开展综合测评项目过程中,一项对学生的问卷调查结果显示,该区初中二年级师生关系良好的比例仅为47.7%。相当比例的学生认为教师在公平对待学生、保护学生尊严等方面意识不够。如34.7%的学生表示"经常受到班主任的批评和惩罚",28.6%的学生认为班主任教师"对我不公平"。

针对这一问题,我市专门组织了针对"师生关系"的专题研训活动。其在市里常规的教学检查活动中,重点增加了课堂师生状况的观察点。在完成对部分学校的检查之后,召开了专门的总结研究大会,针对各个学校存在的典型问题进行分析、研究,并提出改进意见。组织部分学校开展"改善师生关系"的研讨活动,并要求邻近的学校教师参加,就"学生喜欢的好老师"和"如何构建和谐的师生关系"两大专题进行了深度研讨和师生对话活动,主要分享了如下问题:您心中的好老师是什么样子的;列举好老师的例子;老师在平常的学习生活中和同学会产生怎样的误会;这些误会如何消除;老师与同学们如何建立朋友关系等。

(三)引导社会正确评价教育

综合素质评价具有导向作用,能够引导舆论,为社会、学校树立导向。要积极发挥综合素质评价的导向作用,公布评价结果、接受社会监督,引导社会树立科学的教育质量观,以全面推进素质教育的实施。

　　综合素质评价,对于学生来说,要促进全面发展;对于学校来说,要在促进人才的培养上更加体现指导思想的内涵;而对于高校来说,这部分参考内容将有助于促进高校选拔模式的改变,分数不再是录取与选拔的唯一标准。所以,综合素质评价作为升学依据会直接影响着学生升入高一级学校,从而也影响着教育教学的发展。因此综合素质评价将从多维度的视角对学生的成长进行记载与体现,既反映学生的德育情况,又反映学生在课程内外的学习与成长情况,更加全面或者更加有针对性地描述每个学生其发展历程。为了尽力确保综合素质评价的公平公正和真实性原则,就是要客观记录,尽力以事实呈现的方式,在学生成长过程中的主要经历和典型事例作客观记录和写实性描述,并通过信息管理系统等技术手段予以保障,使得这些特色凸显出来且真实可信。在公开公平的原则上,通过建立综合素质评价的审核机制、信誉等级制度、公示和举报投诉制度等制度,进一步强化监督,形成有力的管理保障,坚持公平底线。使综合素质评价改革工作得到家长和市民的理解和认同,让学生们看到了自己的成功,让家长看到了孩子的潜能,让高一级学校看到了学生继续发展的基础。所以,综合素质评价通过以下方式纠正社会舆论的误解和对教育教学的影响:

　　一是向社会公布学校的综合评价结果,逐步扭转"唯分数论"。当前由于缺乏全面、科学的评价指标,考试分数是学校、家长和教育部门评价学校、教师和学生最重要的指标,这些原本承担选拔功能的考试被错误地异化为对基础教育实践的"指挥棒",阻碍了素质教育的推行,影响了学生的身心健康。要通过向社会公布综合评价结果,引导社会树立全面的教育质量观,纠正"唯分数论"做法,促进学生身心健康和全面发展。

　　二是通过媒体宣传扭转一些教育认识误区。针对社会大众关心的一些教育热点、难点问题,区域教育部门可组织相关的研究力量,对学生的综合评价结果进行专题研究,并通过媒体发布相关的研究结果,以扭转社会上存在的一些教育认识误区,宣传全面、正确的教育方式方法。

教育教学工作一直是社会关注的焦点,综合素质评价,在一定程度上对社会舆论起到了影响作用。

【示例】泸州市实施的中考制度改革,最明显的变化就是各初中学校越来越关注学生的综合素质,各种实践活动和第二课堂活动等比以往明显增多了,许多学校恢复了校报、校刊,有的学校还为有特长的学生配备了专门的辅导教师。学生的观念也发生了变化,参加集体活动和公益活动的热情高涨。家长最关心的不再只是考试分数,而是孩子的全面发展,并积极支持孩子参加各项活动。因此,学生全面发展的观念得以广泛建立。

第四章 中小学生综合素质评价泸州实践

泸州市积极实施以养成良好习惯、提高自学能力、发展特长潜能为重点的中小学生综合素质评价改革，关注学生的全面发展和个性发展。小学生综合素质评价主要从良好习惯、能力发展、特长养成三个方面进行；中学生综合素质评价围绕学生的品德发展、身心健康、学业发展、个性特长、实践创新等维度展开。积极改革中小学生综合素质评价方法，着力推行写实评价，注重过程评价和学段评价相结合。学生综合素质评价的目的在于促进学生综合素质的提升，促进学生健康成长。小学生毕业后，综合素质评价档案移交到初中、初中移交到高中，便于上级学段教师更快了解学生的基本情况，实施因材施教。在中学阶段，强化了学生综合素质评价结果在高中升学中的参考价值。

第一节 市域中小学生综合素质评价改革

我们在全市范围内开展了学生综合素质评价现状调研。调研发现，很多学校在学生综合素质评价的认识和做法上都存在偏差。比如有的学校认为学生综合素质评价就是学生操行评价；有的学校认为学生综合素质评价就是学生、教师、同伴以及家长对一些评价指标进行简单的打分；部分学校搞天天评、周周评，加重了老师和学生"评价"的负担等。针对这些现实问题，根据《教育部关于推进中小学教育质量综合评价改革的意见》精神及要求，开展了一系列中小学生综合素质评价改革探索工作。

一、构建中小学生综合素质评价指标框架

泸州市义务教育阶段学生综合素质评价指标框架是基于教育部《中小学教育质量综合评价指标框架（试行）》而研发编制的。一级指标有品德发展水平、身心健康水平、学业发展水平、个性发展水平、社会生活能力水平五个维度，二级指标有理想信念等15个方面，三级指标有热爱祖国等39个点。分小学低段、中段、高段，初中段制定发展性评价标准。

泸州市实验区保留了《教育部关于加强和改进普通高中学生综合素质评价的意见》中的"品德发展水平""身心发展水平""学业发展水平"等一级指标，并将"身心发展水平"调整到"学业发展水平"之前，将"兴趣特长养成"调整为"个性特长发展"的二级指标，其涵盖了教育部指标框架中的"学生学业负担"，用来监测学生学业负担状况。

泸州市教委还根据实际情况对二级指标和三级指标进行了一些调整。

1.品德发展水平维度

重点从"理想信念、行为习惯、公民意识"三个关键点进行考核，通过考查学生爱国指数、理想指数、价值观指数、责任指数、文明指数、诚信指数、守法指数、感恩指数等关键指标，反映学生品德发展水平和学校（区域）学生品德发展状况。品德发展水平通过采集家长、教师和学生问卷数据，进行数据分析得到结果。

2.身心发展水平维度

重点从体质健康、心理健康、健康生活、审美素养四个关键点进行考核，力图引领学校将学生培养成体魄强健、心态阳光、意志坚强、身心健康的人。通过考查学生体质健康合格率和平均视力等关键性指标，反映学生的身体健康水平和学校(区域)学生的身体健康状况；通过考查学生的情感情绪、行为控制、自我认识和价值认同反映学生的心理健康水平和学校(区域)学生心理健康状况。身心发展水平通过采集家长、教师和学生问卷数据，进行数据分析得到结果。

3.学业发展水平维度

重点从学习能力、学业水平等关键点进行考核。选择自学能力指数、策略运用能力指数、学业成绩合格率、成绩均衡度、综合实践合格率、志愿者服务参与率、科技制作优秀率等关键指标来反映学生的学业发展水平和学校(区域)的学科教育质量。通过"自学能力指数"关注学生"观察、分析、归纳"的能力；通过"学科均衡度"关注教育公平。通过这些指标的考查，力图引领学校将学生培养成为有学习动力、有良好学习习惯和方法、有较强的自学能力的人。学业发展水平通过测试和采集学生问卷数据，进行数据分析得到结果。

4.个性发展水平维度

重点从个性品质、爱好特长、实践创新三个关键点进行考核，通过学科特长生数、课外活动参与度、艺体"2+1"达标率、潜能生比例，反映学生的个性发展水平和学校(区域)学生个性发展状况，力图引领学校将学生培养成为有良好个性品质、有创新意识、有一定特长的人。

5.学业负担状况维度

主要通过考查学生周学习时间均值、周课外作业均值，反映学生学业负担状况和学校(区域)减负状况。学业负担状况通过采集家长、教师和学生问卷数据,进行数据分析得到结果。

泸州市根据教育部《关于全面深化课程改革落实立德树人根本任务的意见》《关于加强和改进普通高中学生综合素质评价的意见》精神,结合泸州实际,编制了涵盖小学、初中学段的《泸州市中小学生综合素质评价方案》,形成了泸州市中小学生综合素质评价参考标准,围绕学生的品德发展、身心健康、学业发展、个性特长、实践创新等维度展开评价。

二、制定中小学生综合素质评价参考标准

泸州市实验区组织开展了"我为教育质量综合评价改革建一言"和"中小学生综合素质评价方案"征集活动,从30000余名教师的20000余条建言,以及114份活动方案中吸收"高频建议""科学建议",最终形成《泸州市中小学生发展性评价标准(讨论稿)》征求基层意见。随后组织开展了《泸州市中小学生综合素质评价方案》论证会,来自学校、家庭、社会各方面的人士对《泸州市中小学生综合素质评价方案(征求意见稿)》从评价内容、评价方式、评价标准、评价结果运用、具体操作、注意事项等进行了深入的讨论、分析,并提出修改建议最终形成《泸州市小学生综合素质评价参考标准(试行)》《初中学生综合素质评价参考标准(试行)》方案。

泸州市小学生综合素质评价参考标准(试行)

评价内容	评价指标	主要观测点	评价标准		
			1-2年级	3-4年级	5-6年级
习惯养成	品德习惯	遵规守纪	遵守班规校纪,知道什么是坏人坏事。	有规则意识,遵守班规校纪,杜绝打架、偷窃等行为。	遵守规则,遵守班规校纪,不做违法的事。
		诚实守信	借东西要征得主人同意并及时归还。	讲真话,知错能改,作业不抄袭,答应别人的事要尽量做到。	讲真话,知错就改;对人诚实,尊重他人的秘密;作业不抄袭,考试不作弊。
		孝敬感恩	主动问候父母长辈,感恩他人,喜欢帮助同学。	传统节日向长辈问好,感恩自然,感恩他人,助人为乐。	尊敬长辈不顶撞,感恩自然,感恩社会,感恩他人,助人为乐。
		文明礼貌	坐、立、行姿势正确,不说脏话,集会不乱跑,不乱扔垃圾,不随地吐痰;珍惜粮食,不剩饭菜;爱惜学习用品。	坐、立、行姿势正确,会用礼貌用语,集会自觉排队不高声喧哗,不乱涂乱画,不乱扔垃圾;节约粮食水电,尽量不使用一次性物品。	保持良好的坐、立、行姿势,语言文明,遵守公共秩序,爱护公物和节俭环保。
		理想信念	升、降国旗时能肃立行礼,学唱国歌;爱家、爱班、爱校,有集体意识;正确佩戴红领巾;有崇拜的英雄模范人物。	认真参加升、降国旗仪式;爱家、爱班、爱校,有责任意识;正确佩戴红领巾;崇拜英雄模范,记诵名人名言;尊重民俗;对未来有梦想。	规范参加升、降旗仪式;热爱祖国和人民,有社会责任意识,认同祖国优秀文化,尊重民俗;有理想,以英雄模范人物和名人名言激励自己。

(续表)

评价内容	评价指标	主要观测点	评价标准		
			1-2年级	3-4年级	5-6年级
习惯养成	学习习惯	自觉预习	在家长指导下预习课文；做好课前、课后学具的准备和整理。	掌握课前预习的方法，充分做好课前预习和上课准备。	坚持做好课前预习和上课准备。
		认真上课	听课注意力集中，喜欢回答问题，喜欢与同学、老师交流，能完成课堂作业。	认真听课，善于思考，喜欢与同学、老师讨论，能及时完成课堂作业。	专心听讲，学习、思考与动手相结合，喜欢与同学、老师积极互动，课堂作业质量高。
		及时巩固	能在家长指导下复习功课。	能用重温书本、整理笔记、做练习题、动手操作等方式及时复习。	养成高效灵活、适合本人的复习习惯。
		广泛阅读	能在教师和家长指导下开展课内外阅读。	喜欢课外阅读与课堂学习相关的内容，每天阅读半小时左右。	坚持阅读，内容健康广泛，每天阅读1小时左右。
	生活习惯	合理膳食	吃正餐，不挑食偏食，拒绝垃圾食品。	吃正餐，不挑食偏食，拒绝垃圾食品。	吃正餐，不挑食偏食，拒绝垃圾食品。
		讲究卫生	饭前便后洗手，坚持早晚刷牙，衣着卫生。	饭前便后洗手，坚持早晚刷牙，衣着整洁卫生。	个人饮食、身体和衣着保持卫生。
		遵守作息	按时睡觉、起床，每天睡眠10小时以上。	保证睡眠时间，每天睡眠10小时以上；遵守学校作息制度。	遵守作息制度，每天睡眠10小时以上，坚持课间休息。
		自我保护	有自我保护意识，不玩危险游戏，不和陌生人搭讪，拒绝陌生人的邀请。	自我保护意识较强，不玩危险游戏，拒绝陌生人邀请同行或游玩，会拨打求救电话。	珍爱生命，安全意识强，不参加危险活动，不跟陌生人外出，掌握一些自我保护的方法。

（续表）

评价内容	评价指标	主要观测点	评价标准		
			1-2年级	3-4年级	5-6年级
习惯养成	健康习惯	体质达标	身体形态机能达到《国家学生体质健康标准》要求。	身体形态机能达到《国家学生体质健康标准》要求。	身体形态机能达到《国家学生体质健康标准》要求。
		视力保护	双眼裸眼视力均大于或等于5.0。	双眼裸眼视力均大于或等于5.0。	双眼裸眼视力均大于或等于5.0。
		坚持锻炼	在老师指导下参加大课间或课间操、眼保健操等体育锻炼活动，每天锻炼达1小时以上。	自觉参加大课间或课间操、眼保健操等体育锻炼活动，每天锻炼达1小时以上。	积极参加学校组织的体育活动，坚持课外体育锻炼，每天锻炼达1小时以上。
		乐观进取	有自主意识，情绪乐观。	自尊自立，性格开朗，遇到困难不退缩。	自信自强，乐观开朗，进取心强，积极克服困难。
		能够自控	能在成人帮助下摆脱不好的情绪；控制看电视和玩耍的时间。	能迅速摆脱不愉快的情绪，做事不冲动，不纠结同学间的矛盾；控制看电视、上网和打电子游戏的时间。	能控制不良情绪，遇事冷静不冲动，正确处理矛盾；控制玩耍、娱乐时间。
能力发展	学习能力	学习方法	在老师和家长的指导下掌握一些基本的学习方法。	掌握多种学习方法，并根据学科特点选择学习方法。	能够根据学科特点灵活选择结适合自己的学习方法。
		学习技能	在老师和家长的指导下开展学习。	能够制定学习计划，并按计划学习；学会合理分配时间。	能够制定计划、开展学习、反思总结，学会查阅和利用工具、资料；学会收集和处理信息；能够合理分配时间。
		学业表现	学科成绩达到课程标准的要求。	学科成绩达到课程标准的要求。	学科成绩达到课程标准的要求。

（续表）

评价内容	评价指标	主要观测点	评价标准		
			1-2年级	3-4年级	5-6年级
能力发展	实践创新	问题意识	喜欢向同学、家长和老师提问；能在学习中说出自己与别人不一样的看法。	喜欢观察、提问和独立解决问题；能从不同的角度看问题。	能够在学习和生活中发现问题、分析问题和解决问题；能够提出不同的问题解决方案。
		实践操作	喜欢参加学科实践活动；每期有一件手工制作作品；自己的事情自己做，能参加班级劳动。	积极参加学科实践活动、综合实践和社会实践活动，每期有1件科技创新作品。	完成学科综合性学习、实验操作等实践任务，参加综合实践、社会实践等活动，每期有科技作品。
	合作沟通	人际沟通	尊敬父母师长，能与同学愉快相处，有合作意识。	尊敬老师和长辈，团队同学，待人友善，有团队意识。	尊重他人，待人友善，团队意识强；能正确处理与父母、老师和同学的关系。
		善于表达	能大胆、清楚地表达自己的想法，并听懂别人的话；作业书写工整、整洁。	会倾听，能采用别人接受的方式表达自己的看法；书写规范。	学会倾听，善于表达，思路清晰，语言规范；书写美观。
个性特长	审美素养	审美情趣	喜欢自然界和书本中的美好事物，并有自己的看法。	能发现自然界和生活中美好的事物，能作出一定的评价。	能发现各中美的事物，并将自己的想法与人分享。
		艺术修养	积极参加班级或学校的文艺活动，能进行才艺表演。	积极参加班级或学校的文艺活动，能主动进行才艺表演；能用自己的艺术作品美化教室、寝室；参加国家艺术测试成绩达标。	积极参加有益的文艺活动，积极进行才艺表演，能用自己的艺术作品美化生活环境；参加国家艺术测试成绩达标。

(续表)

评价内容	评价指标	主要观测点	评价标准		
			1-2年级	3-4年级	5-6年级
个性特长	兴趣爱好	爱好广泛	对各学科的学习都有兴趣。	有多种兴趣,有自己喜欢的学科或活动。	兴趣健康广泛,有自己特别爱好的学科或领域。
		社团参与	积极参加班级兴趣小组活动。	能积极参加兴趣小组或社团活动,并有较好的表现。	坚持参加兴趣小组或社团活动,并有较大的收获。
	特长潜能	学科优势	在学习方面有自己的优势。	在学习上有比其他同学表现好的地方。	有自己擅长的学科。
		特长项目	在朗读、写字、唱歌、绘画、弹琴等某方面有突出表现。	能代表小组参加班级的竞赛活动;有1项运动项目和艺术项目表现突出。	参加班级或学校竞赛活动能获奖;掌握1项运动技能和艺术特长。

泸州市初中学生综合素质评价参考标准(试行)

评价内容	评价指标	主要观测点	评价标准
品德发展	理想信念	树立理想	有初步的学业规划和人生理想,并能为之而努力奋斗。
		价值认同	尊重民族习俗,树立民主平等、敬廉崇洁等价值观;珍视优秀传统文化,认同社会制度,具有民族自豪感。
	行为习惯	崇尚文明	注意个人形象,着装符合初中生身份;待人礼貌得体,说话和气,不讲脏话粗话和伤害他人自尊心的话;不取侮辱性绰号;爱护公物和环境,不乱涂乱画,不乱扔乱吐,遵守公共秩序。
		诚实守信	追求真知,知错就改;珍惜诚信记录,作业不抄袭,考试不作弊,个人档案不造假;信守诺言,尊重他人隐私。
		节约环保	节约资源,生活不攀比;树立环保意识,爱护环境卫生,积极参加环保活动。

评价内容	评价指标	主要观测点	评价标准
品德发展	公民素养	热爱祖国	升、降国旗时肃立行礼，自豪地唱国歌；关注家乡建设，关心祖国命运，为国家的发展和强大而自豪。
		遵纪守法	敬畏规则，遵守班规校纪，学法、守法，杜绝打架、偷窃、吸毒、赌博等违法行为。
		民主平等	团结同学，尊重他人，友善宽容；学会协商，不把自己的观点强加给别人。
	人格品质	孝敬感恩	体贴长辈，经常问候，不顶撞长辈，为长辈做力所能及的事；对自然、集体、社会和他人有感恩之心，能用行动回馈他人、集体和社会；见义巧为，助人为乐。
		公平公正	明辨是非，有正义感，办事公道；评优选先及参加综合素质评价自评、互评、班评时做到公平公正。
		自立自强	具有自立意识，不过分依赖父母；能想办法解决生活和学习中的困难，具有一定的抗压耐挫能力。
身心健康	体质健康	体质达标	身体形态机能等达到《国家学生体质健康标准》要求。
		锻炼习惯	积极参加课内和课外体育运动，选择适合自己的运动方式持续锻炼，每天锻炼达1小时以上。
	心理健康	情绪调节	乐观向上，珍惜青春，珍爱生命；遇事冷静，能向家长、老师、同学寻求心理疏导。
		行为控制	具有自我教育和自我管理等能力；与异性正常交往，拒绝早恋。
		自我认识	自尊自爱，自信自立，悦纳自我；正确认识自己，正确看待别人的意见、建议和批评。
身心健康	健康生活	人际沟通	尊重理解他人，待人友善宽容；交流中善于倾听和表达，能恰当地回应、赞美和道歉。
		生活习惯	饮食有规律，不挑食偏食，拒绝垃圾食品，无不良嗜好；按时作息，注意课间休息，每天睡眠达9小时；不沉迷电视、手机、网络、游戏、追星、不健康书刊；讲究个人卫生。
		自理能力	能够独立生活，能自己洗衣物、整理个人物品和房间，积极参与班级和家务劳动；能合理支配生活费和零用钱；具有较强的安全防范意识，不接近危险人群、危险环境和不健康场所；掌握一定的安全自救方法。

（续表）

评价内容	评价指标	主要观测点	评价标准
学业发展	学习能力	学习习惯	能够做好预习和复习，听课时注意学习和思考结合，善于记笔记，及时完成作业。
		学习方法	能制定和实施学习计划，自觉进行阶段性反思和改进；根据学科特点和自己的情况选用适当的方法进行学习，能总结学习方法。
		学习技能	有较强的检索和处理信息能力，有较强的分析、理解、归纳能力，能创造性地提出和解决问题。
	学业成绩	作业质量	认真完成书面作业，按照要求完成非书面作业。
		学科成绩	阶段性测试成绩达到课标要求。
个性特长发展	审美素养	审美情趣	审美情趣健康，拒绝低级和庸俗的东西；能与人分享自然美、生活美、艺术美、科学美和社会美。
		艺术修养	大胆进行才艺表演，能以一定的艺术手段美化学习、生活环境；参加国家艺术测试成绩达标。
	兴趣爱好	爱好广泛	兴趣爱好健康广泛，有持续感兴趣的学科和领域。
		参加社团	课余生活丰富健康，坚持课外阅读，能长期参加1个以上社团的活动，并取得进步。
个性特长发展	特长潜能	优势学科	有特别突出的优势学科或领域。
		特长项目	掌握2项体育技能和1项艺术特长；对某些职业有从业倾向。获得1项以上的校级奖励。
实践创新	实践活动	综合实践	积极参加综合实践活动和学科实践活动，按照要求完成研究性学习项目，综合实践活动考核合格。
		社会实践	积极参加社区服务、社会实践以及志愿者服务。
	科技创新	科技活动	认真参加学校组织的科技创新活动。
		创新作品	每学期有1件或2件有一定创意的作品。

三、编制中小学生综合素质评价方案

泸州市实验区对《泸州市中小学生综合素质评价实施方案（试行）》进行反复论证，历经近30次修改，最终形成《泸州市中小学生综合素质评价实施方案(试行)》方案。

(一)小学生综合素质评价方案

为贯彻《教育部关于全面深化课程改革落实立德树人根本任务的意见》精神,促进学生全面发展、健康成长,根据我市实际情况,特制定本指导意见。

1.重要意义

综合素质评价是对学生全面发展状况的观察、记录、分析,是发现和培育学生良好习惯、学习能力和兴趣特长等核心素养的重要手段,是深入推进素质教育的一项重要制度。开展学生综合素质评价,有利于促进学生全面而有个性的发展,有利于促进学校构建适合学生发展的课程,有利于促进评价方式改革。

2.基本原则

实施小学生综合素质评价要注意把握以下原则。

发展性原则。以学生全面、健康发展为核心,充分发挥评价的激励功能,发现和发展学生潜能,激励学生健康成长。

过程性原则。将评价贯穿于日常的教育教学活动中,客观反映学生成长过程,引导学生持续发展。

客观性原则。客观记录学生在成长过程中的突出表现,真实反映学生的发展状况,以事实为依据对学生综合素质进行科学评价。

公正性原则。严格规范评价程序,强化有效监督,确保评价过程公开透明、评价结果公正。

3.评价内容

泸州市小学生综合素质评价内容主要有:习惯养成、能力发展、兴趣特长。习惯养成主要观察学生在品德习惯、学习习惯、生活习惯、健康习惯方面的典型表现;能力发展主要观察学生在学习能力、实践创新、合作沟通方面的典型表现;兴趣特长主要观察学生在审美素养、兴趣爱好、特长潜能方面的典型表现。

小学生综合素质评价框架

评价内容	评价指标	主要观察点
习惯养成	品德习惯	遵规守纪、诚实守信、孝敬感恩、文明礼貌、理想信念。
	学习习惯	自觉预习、认真上课、及时巩固、广泛阅读。
	生活习惯	合理膳食、讲究卫生、遵守作息、自我保护。
	健康习惯	体质达标、视力状况、坚持锻炼、乐观进取、善于自控。
能力发展	学习能力	学习方法、学习技能、学业表现。
	实践创新	问题意识、动手操作、创意思考。
	合作沟通	人际沟通、表达能力。
兴趣特长	审美素养	审美情趣、艺术修养。
	兴趣爱好	爱好广泛、社团参与。
	特长潜能	优势学科、特长项目。

4.评价形式

各校可根据学校课程和办学特色,参考《小学生综合素质评价参考标准》,制定校本化的评价标准或者实施细则,编制具有本校特色的《小学生综合素质发展手册》,积极开展小学生综合素质评价活动。

创新小学生综合素质评价方式,改革传统的分数评价,积极探索星级评价、档案袋评价、成长帆、成长树、进步卡、素质银行、习惯天梯等方式,引导学生发现自我,树立自信,扬长避短,健康成长。

指导学生在学习过程中客观记录反映综合素质的具体活动、典型事迹、取得的成果和获得的荣誉,收集相关事实材料,及时、真实地填写成长记录。

5.评价程序

(1)平时评价。各校可结合实际情况,将学生平时评价与班级管理、学校管理、课堂学习与班队活动相结合,指导学生自主开展周评、月评、期中评等活动,并将结果计入《小学生综合素质发展手册》。有条件的学校可以组织家长通过参与班级开放日、家校联系、问卷调查等方式参与学生综合素质评价活动。

(2)学期评价。每学期末,以班级为单位开展学生自评、互评展示、教师评价、家长评价和学校评价,综合形成小学生综合素质报告书。

学生自评。学生通过《小学生综合素质学期评价表》开展自我评价。

小学生综合素质学期评价表

评价内容	评价指标	主要观察点					评价人
习惯养成	品德习惯	遵规守纪	诚实守信	孝敬感恩	文明礼貌	理想信念	班委
	学习习惯	自觉预习	认真上课	及时巩固		广泛阅读	本人
	生活习惯	合理膳食	讲究卫生	遵守作息		自我保护	父母
	健康习惯	体质达标	视力保护	坚持锻炼	乐观进取	善于自控	体育教师
能力发展	学习能力	学习方法		学习技能		学业表现	本人
	实践创新	问题意识		动手操作		创意思考	本人
	合作沟通	人际沟通		表达能力			小组
兴趣特长	审美素养	审美情趣		艺术修养			艺术教师

（续表）

评价内容	评价指标	主要观察点			评价人
寄语	兴趣爱好	爱好广泛	社团参与		小组
	特长潜能	优势学科	特长项目		本人
		担任职务及履职情况			班委
	同学评价				小组
	老师评价				班主任
	父母评价				父母
	学校评价				德育部门
备注	"习惯养成""能力发展""兴趣特长"等栏目用1—3颗五角星（☆）及1个圆圈（○）进行评价，3颗代表优秀，2颗代表良好，1颗代表一般，圆圈代表待改进。				

互评展示。分班分组开展素质发展展示交流活动，学生在展示期间提交综合素质发展印证材料，并进行自我陈述和小组交流，小组推选代表在全班展示交流。

教师评价。班主任、体育教师、艺术教师分别在《泸州市小学生综合素质学期评价表》中登记学生综合素质相关情况。

家长评价。有条件的学校组织家长通过《泸州市小学生综合素质学期评价表》对子女进行评价。

学校评价。学校可通过评选"美德少年""智慧少年""才艺少年"等主题评选活动对学生进行评价。学校德育部门在《泸州市小学生综合素质学期评价表》中对学生、教师的评价是否属实进行评价。

学期评价中的"习惯养成""能力发展""兴趣特长"等栏目用1—3颗五角星（☆）及1个圆圈（○）进行评价，3颗代表优秀，2颗代表良好，1颗代表一般，圆圈代表待改进。

（3）毕业评价。学生第六学期末,学校分班开展小学生综合素质毕业评价,其内容和形式参照学期评价进行,其评价结果计入《小学毕业生综合素质评价表》。

小学毕业生综合素质评价表

评价内容	主要观测点	评价记录									评价方式
习惯养成	在品德习惯、学习习惯、生活习惯、健康习惯方面的典型表现、事迹和荣誉										本人
	国家学生体质健康测试等级	一年级	二年级	三年级	四年级	五年级	六年级				体育教师
能力发展	学习能力	学习方法	学习技能	学业表现							本人
				品社	语文	数学	英语	科学	体育	音乐	美术	
	在问题意识、动手操作、创意思考等方面的表现、成果与荣誉										本人
	合作沟通	人际沟通			表达能力						小组
	担任职务及履职情况										班委

(续表)

评价内容	主要观测点	评价记录			评价方式
兴趣特长	在艺术修养、社团参与、特长项目等方面的表现、成果与荣誉				本人
	审美素养	审美情趣		艺术修养	艺术教师
	兴趣爱好	爱好广泛		社团参与	班主任
		坚持参加的社团/兴趣小组(不超过2项):			本人
	特长潜能	掌握的2项体育技能			体育教师
		具有的1项艺术特长			艺术课教师
		其他特长:			本人
发展寄语	同学评价				小组
	老师评价				班主任
	家长评价				家长
学校意见	学校盖章 　年　月　日	学生意见		学生签名 　年　月　日	
说明	"国家学生体质健康测试等级""学习能力""合作沟通""审美素养""兴趣爱好"等栏目用1—3颗五角星(☆)及1个圆圈(○)进行评价,3颗代表优秀,2颗代表良好,1颗代表一般,圆圈代表待改进;其他栏目按要求用文字评价。				

6.组织管理

各区(县)教育局职能科室、教研部门要高度重视,加强领导,精心组织,协调各方面专业力量,为学校开展综合素质评价提供指导、支持和帮助。

学校要建立健全的小学生综合素质评价管理机制,充分发挥教师、家长、班队和学生组织的作用,科学开展评价活动,科学分析评价数据,形成评价报告,指导年级、班级和教师改进教育活动。

(二)初中生综合素质评价方案

为贯彻《国务院关于深化考试招生制度改革的实施意见》《教育部关于全面深化课程改革落实立德树人根本任务的意见》,促进学生全面发展、健康成长,根据我市实际,结合《教育部关于加强和改进普通高中学生综合素质评价的意见》精神,特制定本方案。

1.重要意义

综合素质评价是对学生全面发展状况的观察、记录、分析,是发现和培育学生良好个性的重要手段。全面实施综合素质评价,是深入推进素质教育的一项重要制度。有利于引导学生自我认识、自我规划、自我教育,积极主动地发展,全面而有个性地发展;有利于促进学校把握学生成长规律,构建适合时代要求的人才培养模式;有利于促进评价方式改革,转变以考试成绩为唯一标准评价学生的做法,为高中招生录取提供重要参考。

2.基本原则

实施初中学生综合素质评价要依据党的教育方针,反映学生全面发展情况和个性特长,注重考查学生的社会责任感、创新精神和实践能力。注意把握以下原则。

方向性原则:引导学生践行社会主义核心价值观,热爱中国共产党,弘扬中华民族传统美德;指导性原则:把握学生的个性特点,关注成长过程,激发每一个学生的潜能优势,鼓励学生不断进步;客观性原则:如实记录学生在成长过程中的突出表现,真实反映学生的发展状况,以事实为依据进行评价;公

正性原则:严格规范评价程序,强化有效监督,确保评价过程公开透明。

3.评价内容

泸州市初中学生综合素质评价主要有"品德发展""身心健康""学业发展""个性特长""实践创新"等内容。

品德发展。主要考查学生在热爱祖国、人生规划、价值认同、崇尚文明、诚实守信、节约环保、遵纪守法、民主平等、孝敬感恩、公平正义、自立自强等方面的典型表现、事迹和荣誉。

身心健康。主要考查学生的身体形态机能、锻炼习惯、情绪调节、行为控制、自我认识、人际沟通、生活习惯、自理能力等。重点反映国家学生体质健康测试等级、视力状况、参加体育运动的效果、情绪和行为调控、团队合作、安全防护、健康生活方式等。

学业发展。主要考查学生学习习惯、学习方法、学习技能、作业质量、学业成绩,重点反映学科达到课程标准要求的情况、学习习惯及自学能力。

个性特长。主要考查学生的审美情趣、艺术修养、兴趣爱好、参加社团情况、优势学科、特长表现。重点记录学生参加的社团、优势学科、掌握的体育艺术"2+1"项目和其他特长项目。

实践创新。主要考查学生在学科学习、综合实践活动和社会生活中的动手操作、体验经历、创新表现等情况。重点是学生参加实践活动的次数、持续时间、形成的作品、调查报告等。

4.评价程序

(1)写实记录。各校要根据《泸州市初中学生综合素质评价参考标准》制定校本化评价标准或者实施细则,组织力量研究、编制本校统一的《初中学生综合素质评价写实记录手册》,指导学生在学习过程中客观记录反映综合素质主要内容的具体活动、典型事迹、取得的成果和获得的校级及以上的荣誉,收集相关事实材料,及时、真实地填写活动记录单,做到有据可查。

泸州市初中学生综合素质学期评价表

评价内容	主要观测点	评价记录													评价方式
品德发展	诚信、感恩、行为习惯等方面的典型表现、事迹和荣誉														自我报告
身心健康	身体健康	国家学生体质健康测试等级		学期视力状况											体育教师登记
				左眼视力					右眼视力						
	心理健康（优、良、中、差）	情绪与行为调控能力		人际沟通情况					自我保护能力						自我报告
学业发展	学科成绩综合评价（优、良、中、差）	语	数	英	理	化	生	政	史	地	体	音	美		自我报告
	喜欢的学习方法														自我报告
个性特长	兴趣爱好	坚持参加的社团/兴趣小组（不超过2项）：													自我报告
	优势学科	自我评价最优秀的1个学科：					科任教师意见：					签名：			
	体艺2+1项目	掌握的体育技能													体育教师登记
		具有的艺术特长													艺术课教师登记
	其他特长														自我报告
实践创新	担任职务及其履职														班主任登记
	综合实践、科技制作、志愿者服务、公益活动等表现、成果与荣誉														自我报告

(续表)

评价内容	主要观测点	评价记录	评价方式
反思改进	不良行为习惯		自我报告
	不良生活方式		
	低效学习方法		
	其他方面		
违规违纪	校级以上处分	年 月 日,因受到处分。	学校德育部门登记
发展建议	小组期望		
	教师期望	班主任签名:	
学校意见		学校盖章 年 月 日	学生意见	学生签名 年 月 日

(2)展示交流。班主任组织全班学生分组开展综合素质档案展示和交流活动,学生在组内进行自我陈述和互动交流,小组推选代表在全班展示交流。

(3)学期评价。每学期末,通过班级展示、学生自评、小组评价、教师评价和学校评价,综合形成《泸州市初中学生综合素质学期评价表》,有条件的学校可以开展家长评价。

自我评价。学生本人在《泸州市初中学生综合素质学期评价表》中登记"情绪与行为控制力""人际沟通情况""自我保护能力""兴趣爱好""优势学科""其他特长"等方面的典型表现、事迹和校级及以上荣誉;在"反思改进"栏登记自己的行为习惯、生活方式和学习方法等方面的不足;在"学生意见"栏对是否同意教师评价和学校意见进行表态。

　　小组评价。学生根据平时印象和综合素质档案展示交流情况,对组内其他同学进行评价,在《泸州市初中学生综合素质学期评价表》"小组期望"栏目中填写对该同学的自我报告的真实性评价和发展期望。

　　教师评价。学校组织教师在《泸州市初中学生综合素质学期评价表》中登记学生综合素质相关情况。具体要求是:"国家学生体质健康测试等级""学期视力状况""掌握的体育技能"由体育教师登记;"具有的艺术特长"由艺术课教师登记;"担任职务及其履职""教师期望"由班主任登记,并撰写指导意见;"优势学科"由任教学科教师填写意见(同意/基本同意/不同意)并签字确认。

　　学校评价。学校德育部门在《泸州市初中学生综合素质学期评价表》中登记"违规违纪情况",并在"学校意见"栏填写该表的评价内容是否属实。

　　(4)毕业评价。学校要在第六学期末对初三毕业班学生组织毕业评价,形成初中毕业学生综合素质评价档案和综合素质评价表,具体操作办法在当年的高中招生政策中规定。班主任要指导学生按照统一的初三学生综合素质档案格式要求,整理、遴选具有代表性的重要活动记录和典型事实材料以及其他有关材料,建立综合素质个人档案。

泸州市初中毕业生综合素质评价表

评价内容	主要观测点	评价记录	评价方式
品德发展	诚信、感恩、行为习惯等方面的典型表现、事迹和荣誉		自我报告

（续表）

评价内容	主要观测点	评价记录											评价方式
身心健康	国家学生体质健康测试等级	七年级			八年级			九年级					体育教师登记
	心理健康（优、良、中、差）	情绪与行为调控能力			人际沟通情况			自我保护能力					自我报告
学业发展	学科成绩综合评价（优、良、中、差）	语	数	英	理	化	生	政	史	地	体	音	美	自我报告
	喜欢的学习方法													自我报告
个性特长	兴趣爱好	坚持参加的社团/兴趣小组（不超过2项）：												自我报告
	优势学科	自我评价最优秀的1个学科： 科任教师意见： 签名：												
	体艺2+1项目	掌握的2项体育技能												体育教师登记
		具有的1项艺术特长												艺术课教师登记
	其他特长													自我报告
实践创新	担任职务及履职评价													班主任登记
	综合实践、科技制作、志愿者服务、公益活动等表现、成果与荣誉													自我报告
反思改进	不良行为习惯													自我报告
	不良生活方式													
	低效学习方法													
	其他方面													
违规违纪	校级及以上处分	年 月 日，因受到处分。												学校德育部门登记

（续表）

评价内容	主要观测点	评价记录					评价方式
投票评价结果	评价结果呈现	A	B	C	D	学校意见	学生意见
	小组评价得票数						
	班级评价得票数					学校盖章 年　月　日	学生签名 年　月　日

（5）公示审核。学生主要活动记录、事实材料和《泸州市初中学生综合素质学期评价表》要在每学期末安排时间集中在班级进行公示。各区县要组织力量对各校学生综合素质评价工作进行督查，发现问题及时处理。

（6）结果运用。初中学校要充分利用写实记录材料，对学生成长过程进行科学分析，引导学生发现自我，树立自信，指导学生发扬优点，克服不足，明确努力方向；高中学校要将初中毕业生综合素质评价成长档案和《泸州市初中学生综合素质学期评价表》记录结果作为招生录取的重要参考，具体操作办法在泸州市教育局当年高中招生考试文件中另行规定。

5.组织管理

综合素质评价是全面实施素质教育，深化考试评价改革的重要举措，各市县教育局职能科室、教研部门要高度重视，加强领导，精心组织。要加强指导，协调各方面专业力量，为学校开展综合素质评价提供支持和帮助。

（1）强化管理。各区县要切实做好初中学生综合素质评价的指导、培训和管理，督导各学校认真开展评价工作，审核并上报。

（2）注重宣传。各区县和学校要将初中学生综合素质评价的内容、方法和结果运用等多渠道向学生及其家长公布，并做好相关内容的解释说明工作。

（3）健全制度。各区县和学校要建立学生综合素质评价公示制度、审核制度、诚信制度、申诉制度、投诉制度和责任追究制,在综合素质评价过程中弄虚作假的当事人或者相关责任人,将依纪依规严肃处理。

（4）常态实施。综合素质评价由学校组织实施,各校要成立由校长任组长的学生综合素质评价工作组,建立健全学生成长记录规章制度。充分发挥班级、学生组织的作用,注重在日常教育教学活动中指导学生及时收集整理有关材料,避免集中突击。

四、开展初三学生综合素质评价实践

泸州市从2015年开始,对初三毕业学生进行综合素质评价,综合考查学生初中三年的品德发展、身心健康、学业发展、个性特长、实践创新状况,注重考查学生社会责任感、创新精神和实践能力,依据学生初中三年的总体情况,根据《泸州市初中毕业生综合素质评价表》反映学生的综合素质,供高中学校录取时作为参考。

（一）评价内容

初三学生综合素质评价内容

评价方法	具体要求
自我评价	学生本人在"品德发展""身心健康""学业发展""兴趣爱好""其他特长"和"实践创新"栏登记典型表现、事迹和荣誉,在"反思改进"栏登记自己在行为习惯、生活方式和学习方法等方面的不足,在"学生意见"栏对"小组评价""班级评价""教师评价"和"学校评价"是否同意进行表态。
教师评价	相关教师登记学生综合素质情况。具体要求是:"国家学生体质健康测试等级""掌握的2项体育技能"由体育教师登记;"具有的1项艺术特长"由艺术课教师登记;"担任职务和履职情况"由班主任登记;"优势学科"由任教学科教师填写意见(同意/基本同意/不同意)并签字确认。

(续表)

评价方法	具体要求
小组评价	系统随机抽取学生名单，每7人左右为一个小组进行分组，小组成员对本人以外的其他同学的综合素质整体情况按照A(优秀)、B(良好)、C(合格)、D(待努力)进行无记名投票评价，班主任组织各小组交叉统计并如实记录投票结果。
班级评价	各班教师组成综合素质评价小组，班主任任组长，集体审查学生综合素质评价表并结合三年的综合表现，对每个学生的综合素质整体情况按照A(优秀)、B(良好)、C(合格)、D(待努力)进行无记名投票评价，统计并如实记录投票评价结果。
学校评价	学校德育部门登记学生"违规违纪"情况，填写"学校意见"并盖章。

（二）评价方法

泸州市初三毕业生综合素质评价采用网络填报方式，具体操作按照《泸州市初三毕业学生综合素质评价手册》，学校组织学生自评、互评、班级评价、学校评价，最终形成学生的综合素质评价单，然后学校打印进行公示，公示无误后，在系统中提交到上级进行审核，审核通过，校级工作完成。

（三）角色职责

初三学生综合素质评价角色职责

用户角色	职责描述
市级用户	政策指引、组织实施下发通知、培训。
区/县级用户	抽查、审核。
校管理员	(1)基础数据导入与管理。 (2)参评角色岗位设置。 (3)查看评价情况、上报评价结果。 (4)督导各班评价进度。 (5)提交纸质报表。

(续表)

用户角色	职责描述
班主任	(1)组织学生、科任老师、体育、德育老师评价。 (2)班级评价进度督促与管理。 (3)学生评价报表打印、公示、签字、提交学校盖章。
学生、科任老师、 体育老师	在线填报评价指标。
家长	查看评价。
技术支持	(1)指标体系与评价方式设置。 (2)负责系统操作手册制作。 (3)负责系统培训。 (4)评价期间担任在线客服。

(四)组织保障

1.建立机构,强化管理

要求各区县切实做好初中毕业生综合素质评价的指导、培训和管理,督导各学校认真开展评价工作,并进行审核、上报。各校成立由校长任组长的学生综合素质评价工作组,实施本项工作。

2.注重宣传

要求各区县和学校将初中学生综合素质评价的内容、方法和结果运用等多渠道向学生及其家长公布,并做好相关内容的解释说明工作。

3.健全制度

严肃纪律。要求各区县和学校建立学生综合素质评价公示制度、审核制度、诚信制度、申诉制度、投诉制度和责任追究制,在综合素质评价过程中弄虚作假的当事人或者相关责任人,将依纪依规严肃处理。

（五）主要特点

1.工作具有开创性

利用平台进行在线评价并对学生成长档案等进行监测与评价。测试和调查面向学生群体进行实施,对评价内容和关键性指标进行分析诊断,分项给出评价结论,提出改进建议,形成综合素质评价报告。

采用"互联网+测评"的模式,是国内利用信息化手段与互联网技术进行综合素质评价的创新性实践,其创新性主要表现在:创新性地在国内实现包括指标体系配置、测量工作电子化、在线评价、统计分析及评价单自动生成等在内的各环节全程信息化标准化作业。创新性地引入信息化手段,由平台进行全面的数据分析,自动生成市、区县、校的各级数据分析报告。可系统性地对不同区县、不同学校进行"指数"形式的差异性比较,只作达标性比较,不进行排名。

2.引入教育测量技术

工作中通过引入第三方测评机构作为技术支持,在保证完成任务的同时,也引进了先进的教育测量技术。深圳市一家科技有限公司提供的评价平台,拥有一套比较成熟的系统,目前已经有多个地市在使用,使用人数达到30多万,里面的成长档案记录模块,在一定程度上弥补了纸质评价中无法进行纪实性评价的缺陷。

技术的引入下,在评价过程中采集了纪实评价、定性评价及定量评价,在评价的时候,学生、老师可对评价的某个维度进行描述性评价,也可对其进行等级评定,学生更可以针对某个维度进行纪实记录的佐证,增强评价的真实性、精准性。

3.实现阳光评价

毕业生的综合素质评价实现了全程信息化、无纸化,在提高评价效率的同时,也节省了大量的社会资源,如打印机、纸张、电量。在全程信息化评价时,同学互评不再是按人头分组进行评价,而是随机评价若干位同学,同学与同学之前再无"利益"关系,大大杜绝了"你好、我好、大家好"的情况,真正实现了同学间的阳光互评。

4.实现实时性

利用平台进行评价,各级相关用户都可实时监控本区域的评价进度,如区县级管理员可实时统计各校完成的情况,哪些学校已完成,哪些学校未完成,学校管理员可实时统计各班完成的情况,哪些班级已经完成,哪些班级未完成,未完成的班级里面有哪些学生还未完成,哪些老师还未进行评价等,大大增强了项目的可控性。

5.体现增值性

泸州市初中毕业生的综合素质评价,连续三年利用了深圳市科技公司提供的中小学综合素质评价数字化管理平台进行评价,在完成每年的评价"任务"时,也利用该平台记录了两届初中毕业生的评价情况,后期可以利用平台进行发展性分析,分析近年毕业生在综合素质上各维度的进退步情况,进行增值分析。

五、研发中小学生综合素质评价管理平台

我市初中学生以综合素质评价实施方案为主要依据,高中生以教育部《关于加强和改进普通高中学生综合素质评价的意见》为主要依据,对学生进行全面发展状况的观察、记录、分析,促进学生认识自我、规划人生,积极主动地发展;促进学校把握学生成长规律,切实转变人才培养模式;促进评价方式改革,初中学生的评价为高中招生录取重要参考。

利用计算机及网络技术,通过数据采集、汇总、分析、建模,对学生综合素质实现综合指数分析和表达,通过对评价内容和关键性指标及其指数进行分析诊断,给出评价结论,提出改进建议。将评价结果作为评价学生,改进学校教育工作,提高办学质量的重要依据。

(一)项目技术

基础数据管理。基础数据库的初始化数据来源于现有的各应用系统。通过对这些应用系统中的数据进行抽取、转换等处理,形成标准一致、格式统一的初始化数据。基础数据库集中存放教育管理相关的数据,包括学生、学校、教职工等相关教育基础数据。

统一身份认证服务。为各应用系统提供统一的、基于实名注册的用户身份认证和管理服务,成为各项应用系统的统一入口。

资源整合管理服务。建立统一的资源服务平台,依据国家相关技术标准,利用先进的信息化技术手段,对不同应用系统中的资源数据重新进行整合、分类、索引,完善元数据定义,对资源文件进行集中存储。

资源智能检索服务。实现信息采集、信息处理和信息搜索等功能。

资源分布式存储服务。分布式内容系统用于分担资源存储主系统的内容浏览压力,区域内人员使用资源时,直接从区域内的分布式内容系统上读取内容数据流,进一步利用区域内的快速通讯,提高内容浏览速度。

自定义报表支撑平台。提供核心的中间技术服务,来满足未来新增和自定义业务系统的快速实现和应用集成。

(二)系统构成

系统的管理组织结构由市、县、校、教师、学生(家长)组成。系统的内部结构由小学综合素质评价系统、初中综合素质评价教育系统、高中综合素质

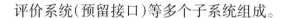

评价系统(预留接口)等多个子系统组成。

(三)主要模块

系统的功能模块主要包括九个部分:系统设置模块、基础信息管理模块、数据导入模块、数据导出模块、综合素质评定模块、信息收集模块、信息查询模块、统计分析模块、动态跟踪模块。

系统设置模块包括用户管理、权限分配、密码修改、学校信息查询等。

基础信息管理模块包括教师信息管理、班级信息管理、小组长信息管理、学生信息管理等。此部分功能限于管理员操作。

数据导入模块包括学生基本信息导入、学科成绩导入、其他模块导入。该模块可直接采纳"数字化管理支撑平台"里的基础信息数据。

数据导出模块包括学生基本信息导出、基本评价导出、分项评价导出、综合评定导出、其他模块导出。

综合素质评定模块包括根据相应要求进行描述性评价或等级评价,再综合评定。

信息收集模块包括收集学生关键证据信息(如证书、照片、证明信、处分决定等),当需要时能点击相应链接查看证据。

信息查询模块包括学生基本信息查询、学生基本素质查询、学生分项素质查询、学生综合素质查询、班级学生综合素质状况查询、学校学生综合素质状况查询、区域学生综合素质状况查询。

统计分析模块包括对等级评定进行统计分析;对描述性评价运用编码方式进行统计分析;对个人及团体综合素质发展进行横向比较和纵向比较。最后形成各种统计分析图表,直观反映素质结构及其变化趋势。

报告模块形成学生、班级、学校、区域综合素质发展报告,反馈给不同的需求人群。其中形成的学校层面的学生综合素质发展报告,供模块一"教育质量综合评价状态数据库"的背景信息调用。

动态跟踪模块包括区域跟踪、学校跟踪、班级跟踪、学生跟踪。

(四)用户功能

学生功能。学生根据学号及密码登录系统,可以自行修改密码,完善学生基本信息;可进行成长记录;进入相应评价栏目可对自己进行描述性评价或等级评价;可随机抽取5名同学进行描述性评价或等级评价;可进行小组内部评价功能;可查看评价结果和评语;可查看并打印个人素质报告书等功能。

教师功能。根据教师密码登录系统,进入相应栏目可进行描述性评价或等级评价等功能。

班主任功能。根据班主任密码登录系统,进入相应栏目可进行描述性评价或等级评价;可对学生的基本素质评价的自我评价、小组评价、家长评价进行查看、修改、删除;可查看填写进度;可查看并打印全班或某位学生素质报告书等功能。

家长功能。与学生同一用户名进行系统登录(与学生密码不同,登录入口不同)可对学生的基本素质的进行描述性评价或等级评定;可浏览学生综合素质评价状况及评语;可浏览学生的各科学习状况;可查看并打印个人素质报告书等功能。

学校管理员功能。登录系统,可浏览、查看数据;可根据不同需要对数据进行汇总分析;可上传、下载数据;可随机抽查数据,对数据真实性进行审核;可查看填报进度;可查看并打印学校学生综合素质发展报告书、班级和学生综合素质报告书等功能。

上级管理功能。登录系统,可浏览、查看数据;可根据不同需要对数据进行统计分析;可上传、下载数据;可随机抽查数据,对数据真实性进行审核;可查看填报进度;可查看并打印区域、学校学生综合素质发展分析报告(图文并茂);可查看并打印班级和学生综合素质报告书。

第二节　区县层面的学生综合素质评价实践

泸州市各区县积极探索区县层面的中小学生综合素质评价实践,主要做了以下工作。

一、健全管理机制

中小学生综合素质评价改革将会受到广大学生和全社会的关注,区县层面需要高度重视、高度谨慎,切实加强组织和领导,保障综合素质评价顺利有效地进行。"县(市)区、校、班"各级评价组织机构要明确各自相应的职责,建立"权责统一,分层监管"的工作机制,确保整个工作高效、有序、公正、客观。

(一)成立综合素质评价指导小组

按照义务教育管理体制改革的要求,我们要求各县(市)区成立综合素质评价指导小组。由教育行政部门有关人员、教研室、中学校长、教师等组成。其职责是制定本地评定的规章制度和实施方案;对本地综合素质评定工作进行检查,监督评定程序;接受社会各方面的质询、质疑与监督,并制定具体投诉方式和处理办法;组织学校负责人与教师进行培训,开展相关宣传工作;对评定过程中的违规行为进行及时调查和处理。

(二)初中学校成立学校评价工作领导小组

在县(市)区评价工作指导小组的领导下,由校长、年级组长、教师等组成。其职责是确定学校具体评定方案和细则,制定具体的评定程序;组织成立班级评定小组,监督本校评定工作,处理在评定过程中的问题,对评定结果进行认定;接受社会各方面监督,对评定中出现的分歧予以澄清和仲裁等;接受咨询、投诉和举报,及时纠正评定中的错误。

(三)成立班级评定小组

由班主任任组长,科任教师为成员,小组成员3-5人。评定小组成员在本班级学生授课的时间一般不能少于1年,对学生应有充分了解,同时具备较强的责任心和诚信意识。在评定工作正式开展前将小组名单向评定班级所有学生公布,若超过30%的学生不同意某教师做评定者,则需替换。小组成员确定后,报县(市)区评定工作委员会备案。

二、开展宣传学习

将学生综合素质评价改革的意义、方法、措施和内容等,通过板报、广播、标语、家长会、致家长信等多种形式向教师、学生、家长和社会广泛宣传,进一步增进教师、学生与家长以及社会各界对评定工作的认识和理解。

进一步引导学校提高认识,树立科学质量观,全面育人,扭转单纯以学业成绩评价师生的倾向,促进学生全面发展。开展学生综合素质评价目的是引导学生全面发展,培养个性特长,促进学生健康成长。

做好评价的培训工作。要通过培训班、专题会议、讲座、学习讨论等多种方法,对参与评价的人员进行培训,掌握评价的内容、方法和程序以及评价的纪律,提高职业道德水平和综合评价能力,确保评价结果的权威性和可信度。

厘清相关认识,进一步把握学生综合素质评价的内涵。综合素质评价是对学生全面发展状况的观察、记录、分析,是发现和培育学生良好习惯、学习能力和兴趣特长等核心素养的重要手段,是深入推进素质教育的一项重要制度。学生综合素质评价并不是为了给学生一个综合素质的分数或等级,不能将学生综合素质评价简单等同于学生操行评价。

三、落实常态实施

指导学生在学习过程中客观记录反映综合素质主要内容的具体活动、典型事迹、取得的成果和获得的校级及以上的荣誉,整理、遴选具有代表性的重要活动记录和典型事实材料以及其他有关材料,装入成长档案袋。学校注重过程管理资料收集,注重成果提炼,规范开展学生综合素质评价工作,规范建立学生成长档案袋,将学生综合素质评价纳入常规督查。

采取学生自评、学生互评、教师评定等方式相结合,有条件的地方可以在征求各方面意见的基础上增加家长评定。初中毕业班学生综合素质评价应参考学生的成长记录和学生自评、互评的相关结果,关注学生的发展过程和表现,注重对原始资料的分析、概括,针对各项评价内容,按照制定的细则和程序,在学生自评和互评的基础上,评价小组成员对所在班级学生进行逐一评定。小组集中各成员的评价结果,根据少数服从多数的原则,做出对学生的综合素质评价结论。对于重大分歧应提交学校评价工作领导小组裁决。

【示例】泸州市纳溪区"10A+"评价实践

(一)品行发展水平监测

1.品行发展水平框架的制定。学校或班主任根据小学与初中教育的不同性质和特点、综合素质评价指标框架中的考查要点,细化评价指标、考查要点、观测点和评价标准的内容要求,制定适合本校办学理念的综合评价指标框架。第一步:落实好几个关键指标,想办法将这些指标变成可操作、可测量的考查要点,收集数据,全面了解学生的发展情况;第二步:在做好第一步之后,经过一轮或者两轮的评价、结果运用之后,再结合本校实际修改完善,逐步形成更加科学系统的综合评价指标框架。

完善指标框架的基本原则:①注意导向。学校教育质量综合评价的指标框架必须包含品行发展、学业发展、体质与情感能力、个性特长四大方面;②突出重点。品行发展水平评价的指标框架,应依据课程标准,结合学科特点和学校特色,科学确定评价指标,但不宜大动,小学阶段的重点在行为习惯养成,初中阶段的重点在人格品质发展;③可操作。将关键指标转化为可测量的考查要点,再确定观测点;④纳入相关因素。在完善指标框架的时候,也要考虑到影响教育质量相关因素指标的选取。

2.品行发展水平的监测。由班主任组织相关人员进行测评。其中,学生互评者为本班学生,家长测评者为各自学生家长,教师测评者为本班所有科任教师。测评人员根据对学生的了解情况,给出相应的分数,班主任汇总各类人员的测评情况,得出学生的综合评价分数。学生平时所做的好人好事、突出表现、晋级评星、所获荣誉等,作为加分项目纳入品行发展水平评价,凡是获得"A+"等次的学生,评价者需要提供典型案例相关的文字、图片或视频等质性评价材料备查。同时,对打"C"和"C+"等次的学生,也要提供相关印证材料备查。

(二)学业发展水平监测

学业发展水平监测由教育局组织,教研培训中心具体负责,试题由教研培训中心统一命制,监测由各中小学组织。

(三)体质与情感能力和个性特长监测

体质、情感能力和个性特长监测,除区级抽测的年级外,其余年级由学校组织监测。

（四）等级与分数的折算

品行发展水平、学业发展水平、体质与情感能力3项评价内容都分别按照百分制评分，再用这3项指标的平均分与等级、分数的折算表中的等级对应，得出义务教育阶段学生综合评价等级。用个性特长的得分与等级、分数的折算表中的等级对应，得出义务教育阶段学生个性特长等级。

（五）建立档案

各校根据评价指标，设计学校的义务教育阶段学生综合素质报告册或成长册。品行发展水平、学业发展水平、体质与情感能力、个性特长4项评价内容的评价结果记入义务教育阶段学生综合素质报告册或成长册。及时收集反映学生综合素质主要内容的具体活动、典型事例、取得的成果和所获荣誉等事实材料，建立学生成长档案袋，形成学生的纸质档案。

通过网络平台，形成学生的电子档案袋。为今后学生毕业的综合评价，乃至以后的升学、就业等提供相应的电子档案参考。

（六）结果应用

综合评价结果直接和学生评优选先挂钩，每年由学校或区教育局组织"10A"少年评选，在评选"10A"少年时，个性特长展示获得"A"等以上的，前面只需获得9个"A"即可。同时，学生的监测结果还将作为推荐省市三好、优秀干部和优秀学生的重要依据。

（七）取得成效

1.教育决策更科学

由于品行发展水平监测及其他由学校自行组织抽测项目的结果不用于考核学校，因此，学校用不着作假处理监测数据，这样相关数据分析结果更真实、准确，教育局和学校依据监测结果所作出的决策将更科学、更有效。

例如,我们通过对二年级学生健康习惯统计数据分析得出:乡镇小学学生健康习惯比城区学校差,偏僻的乡镇学生更差。进一步分析得知,在乡镇健康习惯差的学生中,以留守儿童为主,约占78%,其中隔代抚养约占91%,这是造成学生健康习惯差的主要原因。于是,区教育局先后出台了《关于开展关爱留守儿童志愿服务活动的通知》和《关于印发<进一步加强留守儿童关爱救助工作方案>的通知》,力争有效解决乡镇学生健康习惯差的问题。

2.改革推进更有力

通过艺体学科抽测、综合学科监测,从评价机制入手,倒逼综合改革强力开展,有力保障了"教学结构改革""三开减负三开放""四育合一""区域化同步课堂"等改革工作真正落地、扎实推进。一位村小学生在日记中写道:"听说音乐、美术、体育都要考试了,语文老师也不占我们的课了,真好!"一位音乐教师感慨:"这下音乐不是副科了,领导也更重视我们了"。

3.学生发展更全面

一是社会青少年犯罪率明显下降。根据区检察院、法院统计,近三年来,我区的社会青少年犯罪率下降了近40%。

二是安全意外事件明显减少。近三年来,学校校方安全责任事故近于0,学校校外意外伤亡人数比最近5年最高年份下降了70%。

三是发展环境更和谐。师生冲突、学生冲突、家校冲突的涉校矛盾事件大幅下降,家长投诉学校、教师信访件近3年下降了40%,学校发展环境更加和谐稳定,校园关系更融洽。

四是学生行为更文明。过马路走天桥,走人行横道,不乱扔垃圾成为了习惯。如打古小学的路队建设,把维护环境整洁的习惯延伸到上下学沿途,延伸到学生家庭,深受家长、社会好评。

4.考评依据更准确

在推行"10A+"评价后,学生综合素质评价结果全面具体、翔实准确,为考核学校、考评老师、教师的评优晋级、师生的评优选先等提供了翔实的参与依据,让各学校在考核和评比中依据更充分,过程更合理,结果更科学,更让人信服。

四、创新评价方式

充分发挥积极性创造性,鼓励创新开展评价。积极探索评价方式,引导学生发现自我,树立自信,扬长避短,健康成长。

【示例】江阳区学生综合素质测评实践

江阳区作为泸州市政治、经济、文化的中心,拥有一批居全省一流,代表泸州教育最高水平的学校。随着学生综合素质评价的全面铺开,江阳区教育局结合自身特点,积极探索学术综合素质评价,取得初步成效。

为了做好小学生品德发展水平、学业发展水平、身心发展水平、兴趣特长养成抽测工作,江阳区教研培训中心制定了《江阳区2014—2015学年度小学生综合素质发展水平抽测方案》,设计了抽测的具体做法。

1.品德发展水平抽测

(1)抽测的具体对象是:书面抽测及品德行为表现问卷的对象是城市小学和农村中心校五年级学生的30%;品德行为表现观测的主要对象是4-6年级学生。

(2)抽测的方式:

①书面抽测(时间为40分钟,占60%)。

②品德行为表现问卷调查(时间为10分钟,占20%)。

③品德行为表现观测(评估组成员现场观测,占20%)。

2.学业发展水平抽测

(1)抽测的学科:数学、英语。

(2)抽测的具体对象是:数学书面抽测的对象是城市小学和农村中心校六年级学生的30%;英语科听、说实践能力抽测的对象是城市小学和农村中心校四年级学生的10%,人数控制在10—26人之间。

(3)抽测的方式:

A.数学书面抽测(100分钟闭卷考试,占80%)。

B.英语听说实践能力抽测(完成听力检测和口语交际活动占20%)。

3.身心发展水平抽测

(1)抽测的具体对象是:身心健康问卷的对象是城市小学和农村中心校六年级学生的30%;身心发展水平活动式抽测的对象是城市小学和农村中心校六年级学生的10%,人数控制在15—26人之间。

(2)抽测的方式:

①身心健康问卷调查(20分钟闭卷完成,占20%)。

②身心发展水平活动式抽测:主要是检测学生的跑、跳、投运动能力,完成50米跑、立定跳远和投掷实心球活动(占80%)。

4.兴趣特长养成抽测

(1)抽测的具体对象是:城市小学和农村中心校五年级学生的10%,人数控制在15—26人之间。

(2)抽测的方式:

①问卷调查。由学生自报自己的兴趣特长,并就该兴趣特长的基本知识和自己为该兴趣特长养成付出的努力情况等进行问卷(20分钟闭卷完成,占20%)。

②兴趣特长展示。学生将自己的兴趣特长进行展示,教师根据学生的展示判断兴趣特长养成情况,并根据评分标准评分(占80%)。

第三节　学校层面的学生综合素质评价实践

本节以泸州市的泸县梁才学校、泸县得胜小学、江阳区北大街小学等学生综合素质评价实践为例加以说明。

一、泸县梁才学校：基于 APP 的综合素质评价

（一）制定实施方案

学校依据市区级综合素质评价标准制定学校校本化方案是实施综合素质评价的基础。学校的实施方案需要符合社会的要求和学校实际的人文环境。对学生的综合素质评价要综合考虑众多因素，既要符合时代背景的要求，又要符合教育本身的规律，还要切合学生实际，也要结合学校倡导的文化走向。各个学校的办学理念与情况不同，只有建立适合自身学校办学文化的校本化综合素质评价方案才能让评价改革工作接地气，有实效。

怎样制定可行的校本化学生综合素质实施方案？梁才学校根据国家的教育方针政策、相关教育法律法规、国家课程标准、学生体质健康标准，建设了以"和乐家园，梁才摇篮"为办学目标，以课程改革为基础，以现代化技术手段为平台的评价系统，开展了国家课程校本化研究，旨在培养"习惯+文化+特长"的栋梁人才。

学校结合办学实际，对国家课程进行了分类整理，首先就是把教育教学目标进行了校本化，开发了每门课程的"和乐"标准，并待其作为实施评价的

依据。评价标准依据学生身心发展的规律,分学段或学年制定。

1.评价学生习惯养成的《梁才美习标准》。学校制定了学生的学习、生活、做人、做事等四个维度40种习惯的评价标准,以习惯养成周期为时间单元,对美习养成情况进行监测评价。

2.评价学生学业发展水平的《梁才学业发展标准》。以学科课程标准为基础,学校制定了各学科的学业质量标准,如语文以学段为单位制定的识字、阅读、写作标准,英语以学年为单位制定的听、说、读、写标准等。

3.评价学生兴趣特长发展水平的《梁才艺体素养发展标准》。学校学生小学毕业时每个孩子都要有一项特长。为此,学校以学段为单位建立了艺体素养发展的"二三四"标准。如低段(一二年级)学生每学期参加一种以上艺体选修课,在教师和家长的指导下养成兴趣爱好广泛、善于想象、乐学好问的品质,中段(三四年级)学生要明确专长、敢于分享、学会欣赏、学会合作等。另外,我们还结合社会认证机构制定各类特长的校本考级标准,实施特长发展考级认定机制。

(二)建立评价制度

自建校起,梁才学校就把学生的全面发展与健康成长放在第一位,八年来,学校不断健全和完善学生评价制度,逐渐形成了一整套学生评价制度。

1.常规评价

(1)学情公示

实施学情公示制度,语文、数学和英语学科每周公示,体育、音乐、美术、品德与社会(生活)、科学等学科每月公示。本制度的实施为家校联系搭建了一个交流的平台,便于家长全方位了解孩子在校的表现,也便于学生了解自己的表现。每次学情公示,都会引起家长和孩子的高度重视,了解孩子的

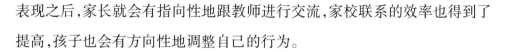

表现之后,家长就会有指向性地跟教师进行交流,家校联系的效率也得到了提高,孩子也会有方向性地调整自己的行为。

(2)每周一星评比

对于小学生来讲,榜样的作用非常明显。为了在学生中树立典范,学校坚持每周每班评选出一位表现突出、能在各方面起到带头作用的学生,授予"每周一星"的荣誉称号。评选为"每周一星"孩子,或者学习出众、或者具备某项特长、或者进步明显。

(3)最美学生评选

为了进一步挖掘"每周一星"的榜样示范作用,给学生一个更高的展示平台,每个月每个年级还将在"每周一星"中产生一名"最美学生",月末评选,月初升旗仪式时进行隆重的表彰。

(4)每月成长记录——《小脚印》

为了详细、系统地记录学生成长的点滴,学校综合各方面的评价元素,印制成了学生成长记录手册——《小脚印》,《小脚印》涵盖了学生成长的各个方面,如我的理想、我的目标、习惯指数、快乐指数、悄悄话信箱、美习存款、半期学习评价、学期学习评价、参与活动记录、教师寄语、特长发展建议等,是学生成长状况的综合记录。

2.期末评价

一直以来,学校不仅重视学生的文化学习情况,对于艺体素养的培养,也花了大量的精力和财力。为了凸显出学校对艺体学科的重视,期末考试时艺体学科也一并列入考核,与语文、数学学科同等考核。为了完善考核,艺体学科还专门制定考核方案,同学科教师实行交叉监考,使得艺体学科的考核规范、有序进行。

3.经典活动评价

为了不断提高学生的综合素质,自建校以来,学校每年坚持组织八大经典活动,包括三月德育节、四月趣味运动会、五月艺术节、六月科技节、九月阅读节、十月数学节、十一月田径运动会、十二月英语文化节,每个活动结束之后,我们都将对学生的表现进行评价,颁发荣誉证书、奖状,分发奖品。

4.特色评价

(1)特色作业展评

每年的寒暑假作业是老师和学生最头疼的问题,学生回家之后,作业监管成了一大难题,学生不愿意做,质量差,效果不好。为了改变传统的寒暑假作业模式,近几年来,学校积极探索,不断寻求改变,逐渐形成了自己的特色。首先我们取消了寒假作业和暑假作业,改为特色作业。特色作业根据各年级情况而定,比如低年级孩子用树叶完成一幅绘画作品、做生字卡片、制作春节照片秀、制作十二生肖邮票等,高年级同学制作家谱、组织年夜饭活动、写春联、绘制家庭房屋平面图、制作台历等。

(2)美习拍卖会

学生的习惯养成一直以来都受到学校的高度重视,为了让孩子进入梁才后能尽快养成良好的习惯,并且能长久的坚持下去,学校为孩子设计了美习卡,并以美习币的形式对孩子的表现进行评价。学期末的时候,学校将统一组织美习拍卖会,让孩子的美习币流通起来,成为真正意义上的"流通货币"。

(3)宏亮奖学金

每学期期末,根据一学期孩子的综合表现,每班评出5—6位品学兼优的孩子给予奖励,于第二学期开学典礼上进行隆重表彰,等次分为甲等、乙等、丙等。

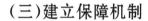

（三）建立保障机制

为了保证学校的学生综合素质评价制度顺利推行、不断完善,学校从教师的工资结构、年终考核各个方面进行调整,使得艺体学科与文化学科的教师同等待遇,大大提高了艺体学科教师的工作积极性。除此以外,每次辅导和组织学生参加各级各类比赛,学校还采用立功受奖方式奖励辅导和带队教师。对于获奖学生,我们也将进行隆重表彰,以激励学生再接再厉、再创佳绩。

（四）开展师生培训

梁才学校采用落实到人环环紧扣的方法扎实推进学生综合素质评价。成立领导小组,制定科学合理的方案,并落实相关任务的推进,总结实施过程中出现的问题,完善相应制度。以班主任为评价工作推进的关键,根据班级状况,与任课教师一起结合学生的日常表现,对照评价标准,对全班每一个学生客观、公正地作出评价量。同时,学生对照标准进行自我评价鉴定,并写出描述性评语,描述性评语不超过100字,在此基础上,每一位学生对照标准,对本班每一位同学(包括自己)进行评价量分。为保证学校学生综合素质评价工作的客观公正,学校号召家长参与学生的综合素质评价,并根据学生的等级对自己的孩子进行全方位的辅导。

（五）探索评价策略

对学生进行综合素质发展评价目的是要提升学生的综合素质,为学生快乐、幸福的生活保驾护航,梁才学校从品德发展、学业发展、兴趣特长等方面对学生进行综合素质评价。

1.以手机APP为平台的过程性评价,成立"美习银行"。

小学阶段存储的好习惯,会使人一生受用。基于这样的现实,学校成立梁才"美习银行"总行管理、评价学生美好习惯。总行设行长一名,负责对各班"美习分行"工作开展指导、监督和检查,定期组织班主任召开专题研讨会,改进完善具体工作。各班级设立梁才"美习分行",设行长1名、副行长1名、会计2名组成分行领导小组,在班主任指导下负责学生"美习储蓄卡"的管理、统计和成绩公布等工作。各行对学生的美习评定进行周小结、月公示,每月将储蓄数据在"小脚印"(学生成长记录册)上登记,期中、期末通过班级网站,手机APP向家长反馈。

学校将美习标准、学业成绩、特长发展等量化为虚拟货币——"美习币",由学校依据学生综合素质发展的三类标准分段设计存款、扣款项目和对应的金额。设计"美习电子储蓄卡",记录学生"美习币"储蓄数额。为了让管理简洁,学校把学生的校牌、饭卡、图书借阅卡、考勤卡等与"美习储蓄卡"相结合,实现校园一卡通。

学校开发了"梁才美习评价软件系统",设置电脑和手机两个操作平台。进入电脑操作平台,可以对全班或小组进行集体性的存款和扣款操作。电脑平台上还可以实现适时查询、分类统计和成绩汇总。学生"美习电子卡"上印有二维码,我们还可以利用手机APP平台来扫描识别学生信息,能在任何地点、快捷地进行存款和扣款操作。美习评价的主体是多元的,有学生(如科代表)对交作业的情况、课堂表现进行的评价;有老师(如班主任)对拾金不昧的评价;有家长对孩子完成家务的评价等。美习评价的内容是多元的,可以是对习惯养成的评价,对学业发展水平的评价,也可以是对特长发展水平的评价。当评价提交后,系统内就自动统计学生"美习币"的数量和产生的原因。

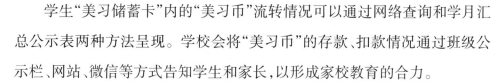

学生"美习储蓄卡"内的"美习币"流转情况可以通过网络查询和学月汇总公示表两种方法呈现。学校会将"美习币"的存款、扣款情况通过班级公示栏、网站、微信等方式告知学生和家长,以形成家校教育的合力。

2.以学情统计为主要形式的学业发展评价

文化评价即学生学业成绩评价,涉及学校开设的所有课程。学校采用过程性和阶段性评价相结合的方式及时呈现学生的学习情况,以不断改进教学,使教育教学形成一个螺旋上升的过程。

每个学科根据学科特点和课堂学习目标制定课堂学习评价标准,内容涉及合作交流、质疑思考、积极发言、能力提升、作业质量方面。每堂课结束后,采用学生自评、小组互评、教师评价等方式进行等级评价。学生的课堂学习、活动参与、阶段性检测等方面获得的成绩加上师生评语构成学生的学情。学校采用学情表的方式统计学生的学情,通过班级网站、班级文化专栏、家长手机端APP等方式向家长和学生公示,即使远在他乡的家长也触手可及。每周公示的学情既是对学生的评价,也是学生成长的一面镜子,可为纠正学生的问题,促进学生的发展提供动力。学情表中的等级再折合为"美习币",记入学习习惯数据库中。学情统计能动态反映学生的学习状态,学情公示则能让家长、师生及时发现学习中取得的成绩和存在的问题,以便调整教学,提高课堂教学效率。

学科要组织期末的项目达标测评,如语文的识字量、阅读量、写作量评价,英语的听、说、读、写评价,数学的思维发展水平评价,体育的项目达标、身体素质达标测评,音乐的唱歌和乐器达标测评等。评价的工具有试卷检测、现象展演、问卷调查、网络测评等。我们还尝试在学生成绩不理想的情况下,可申请第二次测评的方式,以检测学生学业发展的真实水平。最后,对学业发展水平进行成绩汇总时,将学情评价、达标测评和期末试卷测评的成绩按2∶5∶3的比例进行计算,再用等级加评语的方式呈现。

3.以过关考级为主要形式的特长发展评价

学生特长的形成要经历兴趣养成、选修训练、专修提升和形成特长四个阶段。为此,学校开设了基础课、选修课、专修课、社团课、综合课等"五级渐进"课程,分类、分级实施特长培养。梁才学校给各类特长制定了考级标准,如中国舞蹈、中国武术从1级到10级,学生完成一个阶段的学习,就可申报考级,达到一定级别就能认定特长。考级可校内组织实施,也可引入专业机构开展。

学生参与各级比赛、展示活动、过关考级等的成绩作为特长评价的依据,由各学科教师平时收集,期末综合评定。如果一学期中学生都没有获得任何奖项,还可以自主申报一项自己相对擅长的艺体特长项目、表现突出的项目或进步最大的项目进行评价。此模式是我们的一大特色和亮点,主要体现了该模式面向每一个学生,让每一个学生都有艺体方面的兴趣和发展方向,让学生发现自己的优点。教师结合学生申报的项目进行合理的考核和评价。

二、泸县得胜小学:建构综合素质评价校本化模式

(一)建立工作机构

1.评价工作领导组

学校成立由校长任组长,中层干部、家长委员会成员为组员的学生综合素质评价领导组。工作职责是:(1)研究制定本校学生综合素质评价方案及其实施办法;(2)督查和验收评价工作的开展;(3)依据评价得出的宏观数据,对学校教育教学工作提出调整优化意见。

2.评价工作实施组

组建由校长任组长,副校长牵头,中层干部、骨干教师加入的学生综合素质评价工作实施组。工作职责包括:(1)建立学生综合评价电子档案库,开发测评工具(如心理健康测评表、日常表现记录表等),印制发放各类学生测评记录表;(2)组织班主任、任课教师、学生家长(或家长代表),实施学生综合评价工作(班级日常评价、学月评价公示、期末集中评价相结合);(3)完成数据信息的采集(或收取)、汇总和分析,形成学生个体、各班级及学校整体教育教学质量评价结果(结论);(4)组织学生及家长签字确认评价结果。

3.班级评价工作组

组建班级评价组,由班主任任组长,任课教师、家长代表(5人)任组员,使用《得胜小学学生综合素质评价指标细则》及其配套工具对学生进行评价。

(二)建立评价细则

参考《泸州市小学生综合素质评价方案》,与学校以往的学生综合素质评价内容进行整合,确定了学校学生综合素质评价内容指标及其操作办法,制定出《得胜小学学生综合素质评价细则》,投入实际应用。

(三)建立学生电子档案袋

评价的过程也是学生成长的过程,我们用"学生成长档案袋",记录孩子们在成长过程中的一个个"小脚印"。

师生齐动手,把孩子自己最得意的作品、最满意的试卷、最开心的活动、各种获奖证书、每期的《综合评价表》等体现个人成长的内容,拍成照片或视频放进电子文件夹中,建成学生个人的电子版档案袋。学生毕业多年后回到学校,能随时调取档案,回顾自己儿时的成长足迹。

把学生的评价信息存放在电脑里面,优点是安全又可以长期保存,缺点是无法满足评价信息的即时提取需求。因此,在2016年6月初我们正式启动了学生电子档案的"搬家工作"。利用"云校平台"班级模块中的"成长档案",向家长开通手机APP在线查询功能。当然,我校也密切关注"泸州市中小学生综合素质评价系统"的开发进程,打算既保存好电脑资料,又实现两个在线平台的同步使用,面向所有家长提供双通道的信息查询服务。

评价既是为了激励,也是为了诊断。我校形成了《学生综合素质评价报告》,指导教师针对存在的问题,改进工作、提高质量,更好地服务学生、培养学生。

(四)建立"绿钻升级"激励机制

在期末星级评价中,我们以"绿钻升级"机制来激励学生争先升级、主动发展。

在期末的星级评价中,学生每期都将累积一定的星数。到毕业时,最多可以累积到240颗星。我们按每满10颗星升一级,最高可以升至"绿钻24级"。每一学期,根据学生"绿钻级数"的高低,经提名和审核,授予"综合素质学期绿钻奖"。同时,对在某些方面表现特别突出的学生,则分别授予单项奖励。而绿钻等级达到24级——即最高等级的学生,通过学校审议,将有机会荣获象征最高荣誉的"综合素质彩钻奖",而在该生的《毕业生综合素质评价表》上,也将得到校长的亲笔点评。

(五)开展评价活动

通过现场测试、问卷调查、当场展示、访谈、日常评价、测评工具(自主开发)等手段和方式采集评价信息,坚持定量评价与定性评价相结合、形成性评价与终结性评价相结合、学校评价与同学家长评价相结合的做法,兼顾努力程度和进步程度,展开学生综合素质评价。

1.日常评价——过程评价

日常评价的具体实施,由学校各部门、教师、学习小组、学生家长共同参与,其评价结果记入《学生日常评价印证材料记录表》。其中,学校层面的评价结果按学月发给班主任,班主任则结合班级常规管理和班队活动,对学生的日常表现进行评价,其余科任教师则主要立足课堂教学对学生实施评价,并将评价结果转交班主任。班级、学校小组经教师培训,按约定程序和规范对组员实施日常评价。此外,孩子在家中有突出表现,家长可以通过适当方式及时告知班主任,作为学校日常评价的有益补充。

2.学期评价——结果评价

在开展日常评价的基础上,每学期最后一周,我们以班级为单位,组织开展一次集中评价活动。

低段学生在对自己进行星级评价的基础上,由班主任根据自己平时的观察了解,并结合《学生日常评价记录表》所记载的内容,为学生写出激励性的评语,并给出星级评价。

中高段学生在期末评价活动中,以小组为单位,开展交流展示活动。把本学期能证明自己取得进步的奖状、作品、班主任提供的《日常评价记录表》等材料,展示给组员,并做简要介绍。可以现场展示的特长技能,让组员更全面地了解自己的进步。然后,组员以投票方式,用1—4颗星对组内同学作出评价。教师则根据学生"自我报告"中阐述的事实,结合平时的观察和记录,给出星级评价。

（五）结果应用

使用《得胜小学学生综合素质评价指标细则》及其实施办法以学期为单位进行测评，采用积分制，所得分值套算为星级评价。学生个人所获星级数的确定，在横向比较的同时，酌情纵向比较，关注学生个人的努力程度和进步程度。班级各星级等次的名额指标，参照该班综合评价结果予以确定。学生星级评价结果计入学生个人档案袋，并作为评选优秀的重要依据。

教科处汇总各班评价结果并进行分析诊断，形成宏观分析数据或评价结论，为学校教育教学工作的调整和优化提供参考依据，并对教师的教育教学工作和学生家庭教育提出针对性的指导意见，考核结果与教师工作绩效考核挂钩。

三、江阳区大北街小学：基于"五德"的综合素质评价

江阳区大北街小学具有60多年办学历史，营造了深厚独特的校园人文环境，积淀了丰厚的德育资源。从"淳化心灵，嘹亮人生"的德育教育理念到今天的"五德人美，五道才高"的德道文化育人理念，学校走过了艰辛的探索之路。

（一）何谓"五德"

中华传统美德的内容博大精深，学校紧扣时代脉搏，传承社会主义核心价值观，选取了切合学生实际的"孝、信、礼、义、仁"为"五德"。

孝，核心思想是"感恩"。感恩国家（大孝为忠，即热爱祖国）、感恩社会、感恩父母（小孝为家，即孝敬父母，尊敬长辈）、感恩万事万物。小学生要热爱祖国、孝敬父母、尊敬长辈、保护环境生态，常怀感恩之心，常念报答之情。

信,"信"是人际交往中最基本的道德规范,被儒家称为"进德修业之本""立人之道"和"立政之基"。在传统道德中,信的内涵主要有三个方面:内诚于己,要真诚信实、真心实意、不欺骗自己;外信于人,要身体力行、表里如一、言行一致;慎言重诺、取信于义、忠诚信义。今天我们讲"信",应大力提倡做人诚实守信;大力提倡符合市场经济需要的契约信用;大力提倡人们的责任意识、敬业精神;大力提倡建设现代信用社会。核心思想是"诚实守信",主要内涵包括真诚信实、践诺履约、敬业尽责。

礼,在传统道德中,礼的内涵大体包括三个层次:社会等级制度、法律规定、社会习俗和道德规范的总称;作为一种具有特殊意义的规范,强调恭敬和谦让;礼仪、礼节、礼貌以及待人接物和处世之道。今天我们讲"礼",应以建立现代法治社会和安定有序、高度文明的社会为目标,大力提倡基本的人伦规范;大力提倡文明礼仪;大力提倡法治精神。核心思想是"尚礼守法",主要内涵包括儒雅谦恭、文明礼貌、遵纪守法。

义,在传统道德中,义的内涵主要有三个层次:重视人际交往的情谊,追求人间道义,提倡"行义以达其道";体现社会整体利益,坚持社会正义,主张"天下为先""急公义而轻私利";坚持人格尊严、为正义而献身,提倡"成仁取义""舍生取义"。今天我们讲"义",应大力提倡做人的正直公道;提倡维护社会公平和正义;提倡对全社会共同利益和国家利益的高度负责。核心思想是"正义奉公",主要内涵包括持正重义、利群济困、奉公爱国。

仁,"仁"作为一种基本道德,讲"仁者爱人""己所不欲,勿施于人""己欲立而立人,己欲达而达人"。在传统道德中,仁的对象很广泛,包括爱他人、爱物和爱自然,超越了血亲之爱,达到了"仁者以天地万物为一体"和"泛爱众"的境界。今天我们讲"仁",应以社会和谐、共同发展为目标,大力提倡人们对他人、对社会、对自然的爱;大力提倡人们的平等相待、友好相处、团结互助;大力提倡人道主义和慈善精神。核心思想是"仁爱慈善",主要内涵包括仁爱宽容、平等人道、和谐合作。

(二)"五德月"目标体系

围绕"五德月"形成了总目标和年段目标:

1.行孝月

"行孝月"总目标:热爱祖国、孝敬父母,尊敬长辈、保护环境生态。

低段:爱家人,爱老师,爱同学,主动跟他们打招呼;记得家人的生日,对帮助自己的人说感谢。

中段:尊敬师长,见面主动问好,父母生日能问候,能帮家人做力所能及的事;对帮助过自己的人有感恩之心,能表示谢意。

高段:尊敬师长,见面主动问好,传统节日向长辈问好,自己生日时能问候父母,不顶撞父母和老师,不让父母、老师担心;对班级、学校、老师和同学有感恩之心。

2.守信月

守信月总目标:真诚信实、践诺履约、敬业尽责。

低段:能初步分辨是非,不说谎话,知错能改;不随便私拿别人的东西;自己能做的事自己做,做事认真、不敷衍,有耐心,有毅力;知道自己是集体的一员,认真完成集体交给的任务,爱护班级荣誉。

中段:不说谎话,不隐瞒自己和他人的错误;知道讲信用、遵守诺言既是诚实的表现,也是尊重他人的表现;懂得学习、做事都必须有毅力,不怕困难和挫折,要有始有终,坚持到底;在取得成绩时,不骄傲;在遇到困难和挫折时,不灰心,不气馁。

高段:学会重视人际的协调并努力做到诚实守信,让他们知道诚信是维系良好的人际关系基础,进一步懂得诚实与虚假、守信与失信将会对自己、他人和社会带来不同的影响;明白在当今社会,诚实守信更具特殊意义,说话、做事要实实在在,表里如一,要重信誉,守诺言。

3.学礼月

学礼月总目标:礼仪、规则,懂得基本的礼仪规则,按规矩办事,遵守公共秩序,遵守学校规范等一切行为规范;遵纪守法,做合格小公民。

低段:会用"请、您好、对不起、再见、谢谢"等礼貌用语,不说脏话;坐立行走姿态正确,不坐在地上或者躺在地上玩耍;爱护公物,爱惜学习用品,不乱扔垃圾,不随地吐痰。

中段:使用文明用语,不说脏话,不叫绰号;集会自觉排队,公共场合不高声喧哗,不坐在地上或者躺在地上玩耍;珍惜粮食,节约水电,尽量不使用一次性物品。

高段:讲文明礼貌,着装整洁,不说脏话,不叫绰号;不干扰他人,尊重别人隐私,不说人是非;节约资源,生活不攀比,响应"光盘行动",积极参加环保活动。

4.仁义月

仁义月总目标:义务,正义,对自己负责、对亲人负责、对他人负责、对社会负责,仁爱宽容、平等人道、和谐合作。

低段:爱班级,爱学校,爱家乡;正确佩戴校牌,升降国旗时能立正、行礼,能做到拾金不昧;关心他人,团结同学,能与人友好相处;愿意和同伴合作完成小组或班级任务,乐于帮助同学。

中段:有崇拜的英雄模范人物,有喜欢的名人名言;为家乡和祖国的进步感到骄傲和自豪,能做到拾金不昧;能在家接待客人,能主动打招呼,能端茶送水;尊重他人,与人和睦相处,能听取批评意见,能合作完成任务。

高段:初步树立追求和奋斗的目标,并为之努力;尊重不同民族的习俗,关心国家时事,崇拜爱国人士,能做到拾金不昧;友善宽容,善于发现别人的优点,学会称赞别人;善于合作交流,组织和表达能力强,能配合小组成员完成任务。

5."五德月"操作办法

利用每周一的升旗仪式,确立朝会主题,掀起"五德月"活动热潮;利用红领巾广播站、校讯通、班级QQ群等平台宣传"五德月"活动;利用主题班队会落实"五德月"活动;利用社会实践活动使学生真正成为具有"五德"美德的人;利用校本教材和课堂教学进行"五德"教育;利用精品"五德月"活动打动师生心灵,进而养成美德;利用评价,评出"行孝之星""诚信之星""礼仪之星""仁义之星",用榜样的力量促"五德"养成。

(三)"五德"评价体系

"五德"评价以班为单位,各班依据学校制定目标成立考核领导小组对学生进行考核,在班主任指导下负责学生"五德"表现的管理、统计和公布等工作。各班每月小结、每期总结,并分月在学生成长记录册上登记,期中、期末向家长反馈,学校大队部对各班考核情况进行检查、督促。

(四)打造"五德月"精品活动

学校围绕核心理念,自创精品德育特色活动"五德月"活动,即"行孝月""学礼月""守信月"和"仁义月",形成常规,形成传统,不断推进。利用每个周的朝会、班队活动、课外实践活动等把"五德月"活动落到实处。同时结合传统节日,在学生成长中有重大意义的阶段打造精品活动。

1."行孝月"精品活动

冬至慰问孤老活动。冬至慰问孤老活动是大北街小学的传统活动,在寒冷的冬天给老人们送去温暖,表达尊老敬老之情,弘扬传统美德。冬至这一天,全体师生捐钱捐物,大队部组织部分学生去慰问社区的孤寡老人和仁爱敬老院的老人,并给老人们表演自编自导的节目。这一活动既教育了学生,也受到了社会各界的肯定。

毕业典礼暨感恩活动。小学毕业也是学生成长道路上的一个重要里程,如何举行毕业典礼并将它与"五德月"活动有机结合,通过反复构思和实践形成了"行孝月"精品活动——毕业典礼暨感恩活动。这个活动已经开展了两年,老师、家长、学生、来宾都深受感动。活动由"感恩父母""感恩同学""感恩老师""感恩学校"四个部分组成,内容既有传承又有更新。

2."守信月"精品活动

诚信课本剧汇演。诚信活动不仅通过主题朝会、主题班会、社会实践等常规活动开展,还把诚信与课堂教学相联系,学生通过自己创作、自己编导的小品有力诠释了学习、生活中应遵循的诚信,既发挥了学生的才能,又起到了教育的作用。

安全防溺水体验活动。安全工作是学校工作的重中之重,德育处把安全与"守信月"活动有机结合。每年4月,天气逐渐炎热,学生最喜欢到水边玩耍,这就容易造成安全隐患。通过溺水体验,感受溺水的可怕,再让学生签约诚信,就能说到做到。

3."学礼月"精品活动——"开笔启蒙、德道人生"开笔礼

2016年9月的开笔礼既有传统开笔礼应有的程序,如拜孔子、正衣冠、朱砂启智、击鼓鸣志、启蒙描红、书写人字,又具有学校特色,如过五德门、诵唱弟子规、诚信小品表演、感恩父母等,给家长和学生以及来宾留下深刻印象。

4."仁义月"精品活动

"红领巾相约中国梦"建队节活动。每年,一年级的学生都会入队,而建队节是少先队的重要节日,在这个特殊的日子里,结合"仁义月"活动,让高年级的哥哥姐姐亲自为低年级的弟弟妹妹佩戴上红领巾,并送上祝福,让低年级的孩子感受到关爱,也让高年级的孩子懂得保护弱小。

"善行当仁不让,义举捷足为先"道德讲堂。大北街小学是泸州市文明单位,师生道德讲堂活动一直有序开展,把道德讲堂活动与"仁义月"活动有机结合,打造"仁义月"精品活动。

四、古蔺县古蔺镇中学:"雅行十星"评价实践

学校结合市县评价改革的相关文件精神,从学校的实际出发,开展"雅行十星"评价,以"雅行十星"的评选为突破口,开展对全校学生的综合素质评价。

(一)评价目标

"雅行十星"评价不只关注传统意义上学业成绩的发展或某一方面的发展,更重要的是关注学生全面的富有个性的发展。也可以说是肯定学生某一方面的成绩,从而促进学生多方面或全面的发展。评价中挖掘学生潜能,善于发现学生的闪光点,这些闪光点可以是学生日常生活中或是学习过程中表现出来的,只要是对学生成长有激励作用的,教师都应充分挖掘出来并肯定它。评价中不仅要关注学生之间横向比较对学生个体成长的促进作用,更要关注纵向比较(即学生自身进步情况)所产生的自尊、自信等前进的内驱力对学生发展的促进作用。

"雅行十星"评价的建立能体现学生的纵向发展,是对其进步足迹的不

间断记录,学生获得荣誉称号的同时,能够学会判断自己的进步,不断进行自我激励,体验成功的喜悦,感受成长的快乐。教师通过多方互动,了解学生发展的实际水平,寻求最佳的教育途径和方法,真正实现学生的全面发展,个性发展的目标。

(二)评价内容

学校以"雅行十星"的评选为切入点来带动学校对学生全方位、全过程的评价从而促进学生全面的发展。"雅行十星"评价内容包括感恩之星、雷锋之星、诚信之星、纪律之星、学习之星、进步之星、文明礼仪之星、科技之星、才艺之星、体育之星。

"雅行十星"评价总分100分,自评和班级小组评价每周一次,教师评价每月一次,综合评价得分=自评分(20%)+班级小组评价与互评分(40%)+师评(40%),分项优秀即获得相应级别的星,学月优秀为班级之星、学期优秀为年级之星、学年优秀为学校之星,总分优秀即为"雅行教育之星"。

(三)建立运行机制

1.建立完善的评价管理制度

用制度保障评价,用制度规范评价,用制度促进评价。学校要建立专门的学生评价管理制度,要规定教师评价学生的要求、具体任务、评价时间、工作量及奖惩细则,要规范并形成"日记载、周量化,月评价"的过程评价常规模式,要严格规定学期及毕业终结评价的基本操作程序与方法。

2.建立科学的激励机制

要充分考虑学生评价的工作量,并纳入到教师工作量的调配与管理之中;要将学生评价的质与量严格地同教师评价结合起来,同教师的评优晋级结合起来;要培养和树立学生评价工作中的优秀班主任与教师,并对他们进行单项奖励。

3.严格进行日常检查与指导

要将学生评价工作纳入到学校教学常规管理之中,坚持日常检查与指导,确保学生评价工作及时与有效。

4.学校"雅行十星"评价实行校长负责制

学校要成立"雅行十星"评价工作委员会,由校长、分管领导、年级组长及教师代表组成,校长任主任。评价工作委员会主要职责是制定具体的评价工作方案,聘任并认定评价者,组织并监督评价工作,对评价结果进行认定,负责本校学生综合素质评价结果的说明和解释,组织实施、监督和管理工作。

5.班级学生"雅行十星"评价实行班主任负责制

班级要成立"雅行十星"评价工作小组,由班主任、科任教师组成和学生代表组成。班主任任组长,主要职责是负责全班学生"雅行十星"评价过程评价与终结评价,班主任负责本班学生"雅行十星"评价的相关说明和解释。

6.建立"雅行十星"评价手册

建立"雅行十星"评价手册是激励性评价的重要内容。"雅行十星"评价手册是展示每一个学生在学习过程中所做的努力,取得的进步以及反映学习成果的小天地。"雅行十星"评价手册展示了学生在努力学习后所取得的进步和成绩。通过这一过程,学生增强了自豪感和自信心。各班建立"雅行十星"光荣榜,处处让他们感到"我能行",让他们体验成功,诱发学习的积极情感,让他们通过对照和自我反思,客观地评价自己优点和不足。

7.实行"雅行十星"公示表彰制度

班级以学月为单位公示表彰班级之星;年级以学期为单位公示表彰年级之星;学校以学年为单位公示表彰学校之星。

(四)落实评价环节

开展对全校学生的综合素质发展评价,从而适应目前教育发展的需求,也可让学生认识到教育评价的转变,最终达到促进学生全面发展的目的。它必然涉及学生管理、教师管理及学校管理的评价改革。评价改革是一项非常重要的教育综合改革,需要学校、教师、家长及学生的共同努力来完成。

1.学生自评

学生根据本人平时表现,对照综合素质评价标准进行量化打分,写出自评报告,整理并提供相关证明材料,确定自评等级。

2.学生互评

在教学中,学生互评能促使学生积极参与,在评价别人的过程中实现自我进步。

3.班级评价

班主任和学科老师共同确定班级学生代表组成评价考核小组,学生代表人数确定为5人。班级5名学生代表必须要有较强的责任心和良好的诚信品质且对该班学生比较熟悉。如果多数学生对某学生代表都有异议,班主任或学校评价委员会要做出相应的调整。对于班级评价小组成员之间的分歧,通过集体研究,慎重作出评价结论。对于存在的重大分歧,提交教师评价小组或学校评定委员会研究决定。

4.教师评价

教师评价成员是由班主任和科任教师组成的,班主任是主要负责人,由3名及以上学科老师代表组成,成员的选择要求要有责任心并熟悉班级学生的情况,同时要有半数以上学生同意。

5.家长评价

在评价过程中,家长的参与十分重要,因为家长和教师一样,关注着学生的点滴成长。许多有价值的评价资料和依据就来源于家长。家长本身就是一种教育资源,开发、利用好这一资源,是教师的职责,也是教师的教育艺术。家长的评价可着重在对学生家庭表现的评价,通过问卷调查、访谈、书信、电话等方式开展。家长的评价既是学校教育的延续,又是对学校教育效果的直接反映。

(五)明确主体责任

1.学校层面

组建学校评定工作委员会,学校评定工作委员会由校长、教师、家长组成,并根据学校实际制订《古蔺镇中学初中学生综合素质评价实施方案》。该方案学校学生综合素质评定工作实施方案的要求,开展宣传工作;制订评定的具体时间、操作程序;对整体评定工作进行协调、调控;认定本校评定小组;对班级评定结果进行审核、认定及上报;对班级评定工作出现的问题进行反馈与指导;对评定工作进行纪律监督,为学生综合素质评价提供指导和制度保障。

2.班级层面

班级是学生获取知识、提高能力、养成良好习惯、培养正确人生观和价值观的主要阵地,所以班级是实施学生综合素质评价的舞台。班主任及科任老师要全面了解学生,掌握学生的基本素质情况。为此,学校的初一新生必填一个学生《学生入学基本情况调查表》(学生篇),以此来了解学生的基本情况,为今后的学生综合素质的提高和评价奠定基础:

(1)班级实行学生档案管理制度。对学生进行档案袋管理,学生在学校

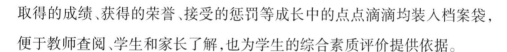

取得的成绩、获得的荣誉、接受的惩罚等成长中的点点滴滴均装入档案袋,便于教师查阅、学生和家长了解,也为学生的综合素质评价提供依据。

(2)建立班级学生的综合素质评价手册。从新生入学开始建立学生的"综合素质评价手册"。从思想品德、行为习惯评价内容,学习态度、学习习惯的评价内容,劳动态度和能力评价内容,生理和心理健康评价内容评价学生。从品德发展、身心健康、学业发展、个性特长、实践创新、反思改进、违纪这几个方面对即将毕业的学生的综合素质进行评价。

(3)班级实行操行管理制度。从学生的品德、学业、劳动卫生、体育、文艺这五个方面制定详细的操行管理细则,制定相应的奖惩措施,对这些方面取得成绩的学生进行奖励,违反细则的学生进行惩罚,惩罚的学生写说明书,说明书的内容包括时间、违反实例、原因、改进措施,让学生反思自己的行为,查找自身不足。并将相关的奖惩证明进行登记后装入学生的档案袋。

(4)建立班级相关的公示栏,对学生取得成绩除了进行奖励之外,还要进行上墙公示,每周评出品德之星、劳动卫生之星,半学期评出学业之星,期末评定体育之星、文艺之星。

(5)班级建立个性展示栏,展示学生在文艺方面的优秀作品。

(6)班级每天规定学生撰写班级日记,记录班级当天发生的各项事件,记录学生对相关事件的评价和总结。

(7)营造学生全面发展班级的班级氛围,班级建立兴趣小组,把有共同爱好和特长的学生组织在一起共同学习,相互促进。并开展相关兴趣小组活动和各种竞赛活动。记录活动剪影,评出活动优胜者,并进行奖励和公示。

3.教师层面

学校制定相关的教师管理制度,构建一支优秀的学生综合素质评价队伍。

（1）组建学生综合素质教师评定小组。以班级为单位，班主任任组长，由班主任和任课教师组成。主要职责是负责组织班级学生评价工作，为学生做出综合性评价，接受家长的咨询。

（2）致力评定队伍的建设，加强评定人员的专业化培训，未参加培训的管理者、教师不得作为学校评定工作委员会和教师评定小组的成员。

（3）根据学期学生的表现情况和学生档案袋的记录，班主任根据教师评定小组的意见，填写《学生综合评价手册》作为教师评价。

4.学生层面

学生是综合素质评价的主体，让学生认识综合素质评价有利于促进学生全面发展，个性发展。让学生接受相关的评价制度和措施，并付诸行动，提高综合素质评价的主体认同感。

（1）加大综合素质评价的宣传力度，营造良好的评价氛围，让学生明白综合素质评价有利于自身的发展，充分发挥自己的个性特长。

（2）制定综合素质评价细则，让学生有章可依，有度可循。如学校制定了思想品德、行为习惯评价内容；学习态度、学习习惯的评价内容；劳动态度和能力评价内容；生理和心理健康评价内容。

（3）加强学生诚信教育。在自评中，认识自己，不能自大也不能自卑，如实评价。

（4）加强学生责任心教育。在互评中，对自己负责，也对别人负责。

（5）成立学生评定小组，由班长任组长，班级民主选举产生五名成员组成。职责为：负责依据学生档案袋和平时学生的表现给学生客观公正地打分，根据打分情况，去掉最高分和最低分后计算平均分折成等级给学生评价。

5.家长层面

家长是学生综合素质评价的间接作用者，认同则有利于综合素质评价的推进。

（1）加强对家长综合素质评价工作的宣传力度，取得家长的认同。

（2）邀请有条件的家长加入综合素质评价评定工作委员会。听取家长对评价工作的意见，为评价工作出谋划策。

（3）新生入学家长会，让家长填写《学生情况调查表》(家长篇)，作用一是全方位地了解学生，二是作为家长对学生进入初中的初始评价。每学期的家长寄语，实则为家长每学期学生的发展评价。

6.“雅行之星”的表彰办法

（1）月评优秀的评为班级相应之星、学期优秀的评为年级相应之星、学年优秀的评为学校相应之星。

（2）以学校开展的综合素质发展评价量化标准量化打分，四个周评合成一个月评；四至五个月评合成一个学期评；两个学期评合成一个学年评；三个学年评合成一个毕业评。

（3）通过班内表扬、年级表彰、学校表彰等方式宣传，形成影响力。被评为学校之星的学校将制成展板宣传，并发荣誉证书。

五、纳溪区合面中学：着眼“四育合一”的实践活动评价

纳溪区合面中学积极构建“四育合一”评价体系，促进学生素质全面发展。由纳溪区委、区府、区教育局明确提出的，围绕合面镇中小学将合面镇打造成“天人共育·教育名镇”的方针，其基本理念契合了学生综合素质评价改革的方向和目标。“天人共育”其实也就是在对传统教育的反思基础上的一种创新，是结合西部农村中小学实际，全面培养学生综合素质的一种尝试。

（一）厘清概念

"天人共育"简单地说就是在"天人共育"教育思想的指导下,综合利用学校教育、家庭教育、社会教育、自然教育,四育联动,形成教育合力,培养行则真美,知则博雅之人。具体而言,"天人共育"是理念,"四育合一"是手段,"行知大雅"是目的。

"天人共育"教育思想是将古代"天人合一"的观点结合农村中小学教育的特点,并赋予其新的时代意义,这是基于学校教育场中对中国古典哲学"天人合一"思想的运用与深化。其核心内容是指"家庭教育""学校教育""社会教育""自然教育"四种教育资源相辅相成,形成合力,促进学生的和谐发展和健康成长。"四育合一"是指以上四种教育有机联动,合而为一,共同促进学生的全面发展。具体来说,这里的"天"是指自然,"天育"是指充分利用西部农村丰富的自然资源对学生进行教育;"人"是指家庭、学校、社会等影响学生发展的社会性因素,"人育"是指充分利用家庭、学校、社会的教育资源对学生进行教育。"天人共育"即是"天育"和"人育"有机联动,形成"天人合一"的和谐教育局面。

这里说的四育的联动有以下三层内涵。一是以"人育"为主导,以"天育"为特色的二维联动;二是以家庭教育、学校教育、社会教育、自然教育为主体的四育合一协调互动的资源模式;三是以"天人共育"的特色学校为轴心,牵引周边学校分工合作,集体联动的运作模式。

完整的教育应该是家庭教育、学校教育、社会教育、自然教育结合的联动教育,应该是"天育"与"人育"和谐促进的教育,应该是学生在自然式的教育环境中自然成长的教育。西部农村学校有着得天独厚的自然资源,而自然是最大的课堂,是天然的教育资源,充分地把这些丰富的自然资源用作教

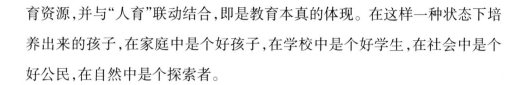

育资源,并与"人育"联动结合,即是教育本真的体现。在这样一种状态下培养出来的孩子,在家庭中是个好孩子,在学校中是个好学生,在社会中是个好公民,在自然中是个探索者。

(二)落地实施

"天人共育·四育合一"是以学校教育为核心,以四育活动课程体系为依托,四育基地活动体验为先导,自主实践活动为延伸,学以致用的教育过程。

1.学校教育

"天人共育"之下的学校教育是"四育"的核心,也是"四育"的统率,学校教育要对其他三育活动起到引领和保证方向的作用。在"天人共育"的背景下,教育培育的是行则真美,知则博雅的人,学校教育的核心应是以德树人和教学结构改革工作。

学校教育首先是以德树人,这是"天人共育"培养"行知大雅"之人的需要,这也是中小学教育质量综合评价改革的目的之一。学校从整体层面建立"天人共育学生规范指南",各班形成与之相适应的班级管理制度,对学生在校的生活、学习等方面的言行予以培养、规范。同时,还通过各种主题教育活动,如"感恩·奋进"活动、文明礼貌月活动、强化训练等,对这些规范予以强化和内化。这些管理活动的开展,最终形成为对学生的一种综合性的评价,学生也会对这样的评价予以关注。这也就是在培养"行则真美"的人。

教学结构改革工作的实质是要解放学生,解放教师,张扬生命的活力;是要还学生学习主人的地位,激发学生学习的动机和兴趣,注重学生非智力因素的发展,极大地提高学生的综合素质。不管是在改革过程中倡导的自主、合作、探究的学习方式,着力进行的小组建设,还是提倡的教学中对学生主动性的发挥,注重对学生积极多样的评价等,其实就是为了实现教育质量综合评价改革中提出的对学生多个非智力指标素质的培养。改革是要将学生从传统的应试教育中解放出来,愉悦地学习,主动地学习,广博地学习,注重知与行的结合,注重个性与共性的结合,这也就是在培养"知则博雅"的人。

2.家庭教育

西部农村学生的父母大部分都在外地打工,学生得到的是隔代的家庭教育,这种家庭教育是没有目标,没有预设的,甚至在一定程度上来说,很大部分家庭对孩子根本就没有家庭教育。在这样的现实之下,如果学校不对家长进行家庭教育方面的引导和培训,不把本应属于学生家长执行的家庭教育拾掇起来,那农村孩子在教育方面与城市孩子的差距将会越来越大,农村孩子在思想、行为上的问题将会越来越多,越来越突出。

"天人共育"背景下的家庭教育不同于一般意义上家长对孩子在家中施以的教育,而是指在学校、教师的指导与引领之下,对学生及至家长进行比如家庭礼仪、家庭生活能力等方面的教育。

"天人共育"之下的家庭教育以基地体验为先导,以实际生活实践为后续,学以致用。建立家庭教育基地,设置家庭教育方面的课程资源,如做饭、洗衣、缝衣、种地、餐桌礼仪、待客之道、行孝之道等。学生以班为单位组建成一个大家庭,之后再由各个小组组成一个个小家庭,在教师的带领下,到基地按事先设置的课程进行为期2—3天的体验。

以上的过程只能算是"学",如果不"用",那对学生的教育效果也就有限。基地体验之后,班主任和跟队教师还要将学生在基地的教育内容分解为数个具体可操作、可检测的项目,如做一次饭菜、行一次孝道、整理一次房间等,要求学生回到家中予以实践,并随时跟踪了解、调查评价。这样的过程,其实也是对家长的一个教育过程,家长在感受孩子变化的同时也学习了该如何在家中对孩子进行教育。

3.社会教育

"天人共育"背景下的社会教育是指学生在学校、教师的组织之下到商店、医院、派出所等职业体验基地进行体验,或者是学生就自己发现的、感兴趣的社会现象进行调查研究的过程。

职业体验基地分为集中体验基地和分散体验基地两种。集中体验基地一般规模较大,可以容纳至少一个班的学生进行体验;分散体验基地一般规模较小,多则可容纳上10人,少的3-5人。集中体验基地的活动一般是以班为单位,在教师的组织和带领之下,有计划、有目的地进行;而分散体验基地的活动则可以是由学生利用课外活动或节假日等空闲时间分散进行体验。

如果说基地体验活动是由学校、教师发动的,学生的主动性发挥不够,对社会的关注度还不广的话,那么作为社会教育基地体验的延伸活动——社会实践调查研究活动,则可以在很大程度上弥补这个缺憾了。这个活动是在学生充分进行了社会教育基地体验,有了初步的感知之后,由学校进行充分的宣传动员,使学生既明白这种活动对于自己、对于社会的作用,又清楚进行活动的具体操作办法、注意事项等。接下来,学生自愿组队,选好调查研究的课题,邀请指导老师对活动过程及后期的成果提炼进行指导,开展实地的调查了解、数据收集,进行材料汇总、归纳分析、提炼总结,最后形成成果报告。

4.自然教育

"天人共育"背景下的自然教育是指学生到大自然中进行野炊、赏景、写生、采标本、玩泥人、做游戏等体验活动,释放他们的天性,感受大自然的美好,并从中受到启迪。在这样一种无拘无束的环境中,学生表现出在学校、在班级授课制下不能看到的积极性、主动性,以及良好的品行和奇思妙想。

大自然是有灵性的,利用西部农村得天独厚的自然资源,用大自然来教育学生,感染学生,培育探索者,那是再好不过的了。

(三)构建评价体系

"天人共育·四育合一"评价体系的构建旨在对班级、教师落实"四育合一"工作的情况以及学生综合素质发展状况进行评价和量化,并进而推进师生对教育质量观、人才观的更新。

首先是构建对班级的评价体系。此评价体系从班级开展"四育"活动的课程安排、安全管理、活动质量、成果收集、后续跟踪等方面进行评价,并根据情况对班级、教师进行考核。

其次是构建对学生个人的评价体系。建立全校学生的"四育"活动评价量表,以学分的形式对学生参与"四育"活动的情况进行量化积分,每期末进行评比表彰。

合面中学"天人共育·四育合一"评价细则

评价内容	评价主要观测点		评价项目		评价方式
综合实践	基地活动	集中基地	体验(学)	太山家教基地	教师带领学生到基地实践,由教师、小组、学生共同参与评价考核。
				学校劳动实践基地	
				学堂坡竹编基地	
				手扒岩自然基地	
			实践(用)	做一次饭菜	设计调查表,采用电话联系、家长会、家访等方式将学生在家实践情况填入表中,并纳入对学生的考核。
				家庭礼仪	
				营造一个小家	
				奉行一次孝道	
				参与一季劳动	
				完成一件手工品	
				制作一件动植物标本	

（续表）

评价内容	评价主要观测点		评价项目		评价方式
综合实践	基地活动	分散基地	教师指导	环线体验(场镇外) 晨江酒厂—蘑菇园—太山砖厂—千秋养鸡场	教师、小组、个人共同评价。
				定点体验(场镇内) 合面镇派出所、陡石梯酒厂	
			学生自修	剩余的挂牌社会教育基地	家长评价、自我评价。
	实践调查	自主型 指导型	对自己感兴趣的自然科学、社会现象、人文历史等展开小范围、多角度的研究实践。		

学生评价办法：学生评价实行学分制，各班建立学生学分积分表，每学年对学生按学分积分进行表彰奖励，学生全年修满30课时为合格，修满50课时或者积分排名占前10%为优秀，作为每期"天人共育之星"评选候选人，推荐评选"天人共育之星"，并给予一定奖励。

教师评价办法：对教师评价实行课时制，建立教师课时积分表，完成基础15课时之后，按做了才有、没做没有、多做多得、少做少得的原则，由学校"天人共育"办公室检查、考核、统计执行。

"天人共育·四育合一"的理念和实践着眼于学生长远的发展，着眼于学生综合素质的提高，切合国家教育发展和改革的方向，符合国家教育质量综合评估的发展方向，是实施素质教育的一种新的尝试。

1.细化评价体系

根据上级要求结合学校实际，结合小学生特点和学校实际，制定具有较强可操作性的学生综合素质评价标准，保证评价过程、结果的真实、可信。可从"品德发展水平、学业发展水平、身心发展水平、兴趣特长养成、学业负担状况"五个方面,构建校本化的学生综合素质评价的指标体系。

2.开展写实评价

学校为每位学生建立学生个人成长电子档案,增大评价的信息容量,拓展评价信息的共享空间,增强评价的客观公正性。

内容涵盖综合素质评价的各方面。以"获奖情况、我的兴趣特长、我的实践活动、学生综合素质评价表、学业发展水平展示、优秀作业、自我介绍"等栏目框架,全程、全面、客观并富有个性化地记录学生个人成长的"足迹",为全面、客观地评价学生综合素质提供翔实、可信的证据。

信息反映学生成长发展的全过程。强调资料收集的全面性、及时性和客观性,一是要求教师要做工作的有心人,及时用手机记录有价值的信息,根据需要选择性地上传班级QQ群;二是认真做好学生学业水平的非纸笔测试评价,如语文的书写、朗读、阅读、口语交际测试,数学听算与听练、实践与操作测试,科学的实验操作与实践活动,英语的会话,思想品德的实践活动等;三是要求家长和学生一起,记录并上传相关信息到电子档案中;四是指导和督促学生定期及时整理档案,总结经验与成果,发现存在的问题,明确改进方向,找出改进措施。

结果体现档案诊断功能。通过学生个人电子成长档案的使用,全面、客观、准确地评价每一名学生,帮助学生自我激励、自我反思,促进学生个性发展;帮助教师和家长多角度、多层次、全方位了解学生;有助于学生、家长、教师之间的相互沟通,达成教育主体的相互理解与支持,增强了教育的内在活力与外在合力。

3.突出评价激励功能

随着教育质量综合评价改革的不断深入,我们的评价也在发生转变,评价应充分发挥激励作用,关注学生的独特体验。在这几年的评价改革探索中,学校为每个孩子的成长提供平等机遇和展示的平台。在实践中设立了"朗读星、作业书写星、回答问题星、劳动小能手、运动小健将、自理小标兵、遵规小模范"等几十种称号,涉及学生成长的各个方面,用以鼓励孩子的良好行为。学期末,获得表扬的同学都能领到一张自制的小喜报带回家,老师做到了让每个孩子至少要领到一张小喜报。

4.完善运行机制

加强组织管理。建立学生综合素质评价改革领导组,全面负责学校学生综合素质评价改革工作,在学校德育处设项目办公室,由德育主任兼任办公室主任;建立学生综合素质评价改革执行组,具体负责学生综合素质评价工作的实施;建立学生综合素质评价改革研究组,负责学生综合素质评价改革的规划的制定,相关评价指标体系、标准的研制,相关措施的制度,评价结果分析的指导;成立学生综合素质评价改革督导组,督导、检查全校各班学生综合素质评价改革工作的实施情况;成立学生综合素质评价改革宣传组,对学校学生综合素质评价改革工作进行宣传、动员和报道。

优化运行机制。学校领导组对评价质量进行监控,相关工作小组根据分工,做到日抽查、周反馈、月检查、半期小结、期末总结,确保工作不流于形式。

构建反馈通道,发挥评价诊断功能。建立公示制度,学校、老师对学生的评价结果,如各种竞赛、获奖、平时学习、学业水平检测、参加各项活动情况等信息,及时在教室、公示栏、班级QQ群、微信群中公示。

加强沟通联系,通过家长会、微信与QQ平台、家校联系本、家访等多种方式,将评价信息、结果、结论及下阶段工作举措、对学生发展的建议等,向家长反馈,并收集家长的反馈意见,构建信息交流的双向通道。